# Machiavel et les Clés de la Diplomatie en Entreprise

Guillaume Morel

# Machiavel et les Clés de la Diplomatie en Entreprise

**Publié par**
Guillaume Morel

**ISBN**
9798303361584

### Droits d'auteur

Le contenu de ce livre est protégé par le droit d'auteur. Il est uniquement destiné à un usage personnel. Vous ne pouvez pas modifier, distribuer, vendre, utiliser, citer ou paraphraser une partie ou la totalité du contenu de ce livre sans le consentement de l'auteur ou de l'éditeur.

Tous droits de traduction, d'adaptation et de reproduction par tous procédés, réservés par tous pays. La loi du 11 mars 1957 n'autorisant, aux termes des alinéas 2 et 3 de l'article 41, d'une part, que les « copies ou reproductions strictement réservées à l'usage privé du copiste et non destinées à une utilisation collective », et d'autre part, que les analyses et les citations dans un but d'exemple et d'illustration, « toute représentation intégrale ou partielle, faite sans le consentement de l'auteur ou de ses ayants droit ou ayants cause est illicite » (alinéa 1er de l'article 40). Cette représentation ou reproduction, par quelque procédé que ce soit, constituerait donc une contrefaçon sanctionnée par les articles 425 et suivants du code pénal.

### Avis de Non-Responsabilité :

En lisant ce document, le lecteur accepte que l'auteur ne soit en aucun cas responsable des pertes directes ou indirectes résultant de l'utilisation des informations contenues dans ce document, y compris, mais sans s'y limiter, les erreurs, omissions ou inexactitudes.

**Copyright © Guillaume Morel – Tous droits réservés**

# TABLE DES MATIÈRES

Introduction..................................................................5
   Le Diagnostic du Malaise Managérial........................................ 9
      L'illusion de la collaboration pure et de la transparence totale................................................................................. 9
      Le coût de la naïveté politique et ses conséquences.........13
   La Solution Machiavélienne....................................................... 19
      Redéfinir le "machiavélisme" : du cynisme perçu au réalisme stratégique............................................................19
      Le Prince moderne : un architecte des relations humaines et non un tyran....................................................... 24

**1. Décrypter le Terrain : De l'Idéalisme à la Lucidité Stratégique 30**
   1.1 Le Principe de la Verità Effettuale (La Vérité Effective des Choses)................................................................................. 34
      1.1.1 Analyser les motivations réelles derrière les discours officiels................................................................................. 34
      1.1.2 Développer une acuité pour distinguer les apparences de la réalité organisationnelle............................................. 39
   1.2 La Cartographie Stratégique du Pouvoir............................ 45
      1.2.1 Identifier les centres de décision formels et informels.. 45
      1.2.2 Évaluer avec précision les forces, faiblesses et leviers de chaque acteur clé.............................................51

**2. Forger des Alliances : Transformer les Rivaux en Alliés..... 57**
   2.1 Le Calcul des Intérêts Mutuels............................................. 63
      2.1.1 Le principe de construire des coalitions sur des bénéfices partagés, non sur l'amitié.....................................63
      2.1.2 La méthode pour identifier et articuler une proposition de valeur commune irrésistible........................................... 68
   2.2 La Diplomatie d'Influence Proactive..................................... 75
      2.2.1 L'art de neutraliser les adversaires en les isolant ou en les ralliant....................................................................... 75
      2.2.2 Transformer un "non" catégorique en un "peut-être" négociable..................................................................80

### 3. Manier le Conflit : L'Art de la Confrontation Calculée........ 86
#### 3.1 La Maîtrise du Timing et de l'Intensité................92
##### 3.1.1 Le diagnostic pour savoir quand éviter, quand engager et quand désamorcer............................92
##### 3.1.2 La leçon du centaure : savoir allier la loi (raison) et la force (détermination)............................97
#### 3.2 Le Principe de "Cruauté Bien Employée"..................103
##### 3.2.1 Comprendre l'usage d'actions décisives et brèves pour restaurer l'ordre durablement..................103
##### 3.2.2 Appliquer une fermeté ciblée et chirurgicale pour prévenir l'escalade...........................107

### 4. Bâtir sa Forteresse : Cultiver la Réputation et l'Influence.. 114
#### 4.1 La Construction Stratégique de l'Image......................119
##### 4.1.1 Le duo "être et paraître" : aligner ses actions sur la réputation désirée.............................119
##### 4.1.2 Maîtriser sa communication pour sculpter la perception des autres.........................124
#### 4.2 La Dialectique de la Crainte et de l'Amour......................132
##### 4.2.1 Analyser pourquoi "il est plus sûr d'être craint qu'aimé" dans un contexte de leadership........................132
##### 4.2.2 Gagner le respect par la compétence et la cohérence, et non par la complaisance............................138

### 5. Unir pour Conquérir : Incarner la Vision et Rallier les Volontés.................................146
#### 5.1 La Force Motrice de la Vision Collective....................151
##### 5.1.1 L'art de formuler un but commun qui transcende les intérêts particuliers............................151
##### 5.1.2 Utiliser les récits, les symboles et les rituels pour ancrer la vision dans la culture...................156
#### 5.2 Le Leadership par l'Exemple (Virtù)................162
##### 5.2.1 Incarner les qualités de courage, d'audace et de résilience face à l'incertitude (Fortuna)............... 162
##### 5.2.2 Prendre les décisions audacieuses qui prouvent sa légitimité à diriger...........................167

### Conclusion................................................173
### Remerciements...........................................179

# Introduction

Dans les salles de conseil feutrées des plus grandes entreprises françaises, une tragédie silencieuse se joue chaque jour. Des managers brillants, armés des dernières méthodologies de management collaboratif et nourris aux meilleures écoles de commerce, voient leurs projets les plus prometteurs s'enliser dans les méandres de la politique interne. Leurs stratégies, pourtant techniquement irréprochables, se heurtent à des résistances invisibles, des alliances secrètes et des jeux d'influence qu'ils n'avaient pas anticipés. Ces dirigeants découvrent, souvent trop tard, qu'exceller dans l'analyse financière ou la gestion de projet ne suffit pas lorsque l'on doit naviguer dans l'univers complexe des relations humaines et du pouvoir organisationnel.

Cette réalité douloureuse révèle une vérité fondamentale que notre époque refuse d'admettre : les organisations modernes ne sont pas des communautés harmonieuses où la collaboration pure et la transparence totale garantissent le succès. Elles sont des écosystèmes politiques sophistiqués, gouvernés par des dynamiques de pouvoir aussi anciennes que l'humanité elle-même. Les tentatives pour ignorer cette réalité ou la contourner par des approches purement techniques ne font que créer des leaders vulnérables, manipulés par ceux qui comprennent mieux les véritables règles du jeu.

C'est dans ce contexte que nous devons redécouvrir la sagesse intemporelle de Nicolas Machiavel. Loin de l'image caricaturale du manipulateur cynique que véhicule l'usage populaire de son nom, Machiavel était un observateur lucide de la nature humaine et des mécanismes du pouvoir. Son génie résidait dans sa capacité à analyser sans illusion les ressorts profonds de l'autorité, de l'influence et de la gouvernance. Pour lui, comprendre ces mécanismes n'était pas un exercice intellectuel, mais une nécessité vitale pour tout leader souhaitant accomplir sa mission et servir efficacement sa communauté.

La pensée machiavélienne offre une grille de lecture d'une puissance extraordinaire pour décrypter les enjeux contemporains de l'entreprise. Elle nous enseigne que la naïveté politique n'est pas une vertu, mais une forme d'irresponsabilité qui expose l'organisation aux dangers et prive les équipes d'un leadership efficace. Elle nous révèle que la diplomatie stratégique, loin d'être une manipulation, constitue l'art suprême du dirigeant : savoir lire les motivations profondes, construire des alliances durables, gérer les conflits avec sagesse et inspirer une vision commune qui transcende les intérêts particuliers.

Nous vivons une époque où la complexité organisationnelle n'a jamais été aussi grande. Les entreprises évoluent dans des environnements matriciels où les lignes d'autorité se croisent, où les projets transversaux mobilisent des acteurs aux agendas divergents, où les transformations digitales bousculent les équilibres établis. Dans ce contexte, les leaders qui maîtrisent uniquement les aspects techniques de leur métier se retrouvent démunis face aux résistances humaines et aux jeux politiques. Ils subissent les événements au lieu de les anticiper, réagissent aux crises au lieu de les prévenir, et finissent par perdre leur crédibilité ainsi que l'adhésion de leurs équipes.

L'approche machiavélienne propose une alternative radicale à cette impuissance. Elle transforme le manager réactif en stratège proactif, capable de lire le terrain politique, d'identifier les vrais enjeux derrière les discours officiels, et d'agir avec cette forme de prudence éclairée que Machiavel appelait la *virtù*. Cette approche ne consiste pas à devenir manipulateur, mais à développer une intelligence stratégique qui permet d'exercer un leadership authentique dans la complexité.

Ce livre constitue votre guide de formation à cette diplomatie d'entreprise. Nous explorerons ensemble les cinq piliers fondamentaux qui transformeront votre façon d'appréhender le leadership. D'abord, nous apprendrons à décrypter le terrain en abandonnant les illusions pour voir la réalité effective des dynamiques organisationnelles. Ensuite, nous maîtriserons l'art de forger des alliances en comprenant comment transformer même vos rivaux en partenaires stratégiques. Nous développerons votre capacité à manier le conflit de manière calculée, en sachant quand l'éviter, quand l'engager et comment en sortir renforcé. Nous bâtirons votre forteresse personnelle en cultivant une réputation qui devient votre principal actif stratégique. Enfin, nous apprendrons à unir les énergies autour d'une vision collective qui dépasse les ego et les intérêts particuliers.

Chaque étape de ce parcours s'appuie sur les enseignements directs de Machiavel, enrichis par l'analyse de cas historiques emblématiques et d'exemples contemporains issus du monde de l'entreprise française. Nous découvrirons comment des dirigeants avisés ont appliqué ces principes pour surmonter des défis apparemment insurmontables, et comment d'autres, par méconnaissance de ces réalités, ont vu leurs ambitions légitimes se briser sur l'écueil de la naïveté politique.

L'objectif de cette démarche n'est pas de vous transformer en conspirateur, mais de vous révéler le véritable visage du leadership moderne. Dans un monde où l'information circule à la vitesse de la lumière, où les parties prenantes sont plus nombreuses et plus exigeantes que jamais, où la moindre décision peut déclencher des réactions en chaîne imprévisibles, seuls les leaders qui comprennent les mécanismes profonds de l'influence peuvent espérer réussir durablement.

Machiavel nous enseigne que le pouvoir n'est pas un privilège que l'on possède, mais une responsabilité que l'on exerce. Cette responsabilité implique de prendre des décisions difficiles, de gérer des intérêts contradictoires, et parfois de faire des choix impopulaires pour servir l'intérêt supérieur de l'organisation. Elle exige une forme de courage intellectuel : celui d'affronter la complexité sans se réfugier dans les solutions simplistes, d'accepter l'ambiguïté sans perdre sa boussole morale, et d'agir avec détermination malgré l'incertitude.

Cette approche transformera fondamentalement votre rapport au leadership. Vous cesserez de subir les jeux politiques pour devenir un acteur conscient et efficace de la diplomatie organisationnelle. Vous développerez cette capacité rare à voir plusieurs coups d'avance, à anticiper les résistances et à préparer les terrains favorables à vos initiatives. Vous découvrirez que la véritable autorité ne se décrète pas, mais se construit jour après jour par la cohérence entre vos paroles et vos actes, par votre capacité à protéger vos équipes et à porter une vision qui les dépasse.

Le voyage que nous entreprendrons ensemble vous mènera bien au-delà des recettes managériales conventionnelles. Il vous initiera à une forme de sagesse pratique qui puise ses racines dans l'expérience séculaire des dirigeants qui ont marqué l'histoire. Cette sagesse vous permettra de naviguer avec assurance dans les eaux souvent tumultueuses de la vie organisationnelle, en sachant que vous disposez des outils intellectuels et stratégiques nécessaires pour surmonter les défis les plus complexes.

Préparez-vous à découvrir que le leadership authentique ne consiste pas à éviter la politique, mais à l'exercer avec intelligence et responsabilité. Préparez-vous à comprendre que la diplomatie d'entreprise n'est pas un jeu de manipulation, mais l'art suprême de celui qui porte la responsabilité des résultats et du bien-être de ses équipes. Préparez-vous, enfin, à devenir ce leader que votre organisation attend : lucide sur les réalités, stratégique dans ses choix, et capable d'inspirer une confiance durable qui transcende les aléas du quotidien.

# Le Diagnostic du Malaise Managérial

## L'illusion de la collaboration pure et de la transparence totale

La doctrine managériale contemporaine repose sur un postulat séduisant mais dangereux : l'idée que la collaboration spontanée et la transparence absolue constituent les fondements naturels de toute organisation performante. Cette croyance, érigée en dogme dans les écoles de commerce françaises et les cabinets de conseil internationaux, promet qu'il suffit de créer des espaces ouverts, d'instaurer des processus participatifs et de partager l'information pour voir émerger miraculeusement l'harmonie productive. Cette vision édénique du management, aussi noble soit-elle dans ses intentions, révèle une méconnaissance profonde de la nature humaine et des dynamiques organisationnelles réelles.

Nous assistons aujourd'hui à un phénomène troublant dans le paysage entrepreneurial français : des dirigeants formés aux dernières méthodologies collaboratives se retrouvent désarmés face aux réalités politiques de leurs propres organisations. Ils appliquent avec une foi aveugle les préceptes de la transparence totale, convaincus que cette vertu suffira à dissiper les conflits et à aligner les intérêts. Cette approche, loin de créer l'utopie managériale espérée, ouvre la voie à des manipulations subtiles et à des échecs stratégiques dont les conséquences se révèlent souvent dramatiques.

L'histoire récente d'une entreprise de services numériques parisienne illustre parfaitement cette tragédie moderne. Appelons son directeur général Marc, un ingénieur brillant diplômé de Centrale, qui avait bâti sa réputation sur une approche révolutionnaire du management participatif. Convaincu que la transparence représentait la clé de voûte de la performance, Marc avait instauré un système de communication ouverte où toutes les informations stratégiques étaient partagées avec l'ensemble des équipes. Les comptes-rendus de réunions de direction circulaient librement, les négociations avec les clients étaient discutées en assemblées générales, et chaque décision importante faisait l'objet d'un processus consultatif impliquant tous les niveaux hiérarchiques.

Cette philosophie de la transparence absolue séduisait initialement les collaborateurs, qui se sentaient valorisés et impliqués dans la destinée de l'entreprise. Marc organisait des réunions hebdomadaires où chacun pouvait exprimer librement ses opinions sur la stratégie, partageait les indicateurs financiers avec une sincérité désarmante, et encourageait même les critiques constructives envers sa propre gestion. Cette approche générait une atmosphère de confiance apparente qui masquait cependant des dynamiques souterraines bien plus complexes.

Car derrière cette façade de collaboration harmonieuse se cachaient des acteurs qui avaient rapidement compris comment exploiter cette naïveté structurelle. Sandrine, la directrice commerciale, utilisait les informations partagées lors des réunions pour négocier discrètement sa propre mobilité vers un concurrent, armée d'une connaissance détaillée des faiblesses stratégiques de l'entreprise. Thomas, le responsable technique, manipulait les processus participatifs pour faire valider ses choix technologiques personnels en présentant ses préférences comme le fruit d'un consensus collectif. Quant à Isabelle, la responsable des ressources humaines, elle instrumentalisait la politique de transparence pour asseoir son propre pouvoir, se positionnant comme l'interprète officielle des attentes des équipes auprès de la direction.

L'effondrement de cette belle mécanique collaborative survint lors d'une négociation cruciale avec un client majeur. Marc, fidèle à ses principes, avait partagé ouvertement la stratégie de négociation, les marges acceptables et même les points de faiblesse de l'offre concurrentielle. Cette information, transmise innocemment lors d'une réunion d'équipe, remonta rapidement jusqu'au prospect par le biais d'un collaborateur externe qui participait au projet. Le client, informé des véritables limites de négociation de l'entreprise, obtint des conditions exceptionnellement favorables qui réduisirent drastiquement la rentabilité du contrat.

Mais le véritable coup de grâce vint de l'intérieur. Profitant de la désorganisation créée par cet échec commercial, Sandrine orchestra une véritable campagne de déstabilisation en utilisant l'information qu'elle avait collectée grâce à la politique de transparence. Elle diffusa auprès des équipes des éléments partiels sur les difficultés financières de l'entreprise, alimentant une atmosphère de défiance qui paralysa rapidement l'organisation. La collaboration tant vantée se transforma en méfiance généralisée, et Marc découvrit avec amertume que sa générosité informationnelle avait armé ceux qui cherchaient à le déstabiliser.

Cette tragédie managériale révèle une vérité que Machiavel avait parfaitement comprise cinq siècles plus tôt : les hommes ne sont pas naturellement portés vers le bien commun, et leurs actions sont principalement guidées par leurs intérêts particuliers. La transparence, lorsqu'elle n'est pas tempérée par une compréhension fine des motivations humaines, devient une arme redoutable entre les mains de ceux qui savent l'exploiter. Elle crée une asymétrie informationnelle inverse où les plus manipulateurs disposent d'un avantage décisif sur ceux qui jouent le jeu de la sincérité.

L'analyse de cet échec met en lumière les failles structurelles de la philosophie managériale moderne. La collaboration pure présuppose que tous les acteurs partagent les mêmes objectifs et la même éthique, ignorant délibérément les jeux de pouvoir, les ambitions personnelles et les conflits d'intérêts qui traversent inévitablement toute organisation humaine. Cette approche angélique du management transforme les dirigeants honnêtes en proies faciles pour ceux qui maîtrisent les véritables règles du jeu organisationnel.

La transparence totale génère par ailleurs un paradoxe pervers : elle démotive précisément ceux qui pourraient contribuer le plus efficacement au succès collectif. Les collaborateurs les plus talentueux et les plus ambitieux finissent par comprendre que cette ouverture excessive les désavantage face à des concurrents internes moins scrupuleux. Ils développent alors des stratégies de contournement ou, plus grave encore, quittent l'organisation pour rejoindre des environnements où leurs compétences politiques pourront s'exprimer pleinement.

L'entreprise de Marc illustre également comment la collaboration forcée peut devenir un instrument de paralysie décisionnelle. Lorsque chaque décision doit faire l'objet d'un consensus élargi, les arbitrages difficiles sont constamment reportés, les opportunités échappent, et l'organisation perd cette agilité stratégique qui constitue souvent son principal avantage concurrentiel. La recherche obsessionnelle du consensus transforme le leadership en une course épuisante vers l'approbation universelle, privant l'organisation de cette capacité d'action rapide et déterminée qu'exigent les défis contemporains.

Cette analyse ne constitue nullement un plaidoyer pour l'opacité ou l'autoritarisme, mais révèle la nécessité d'une approche plus sophistiquée de la gouvernance organisationnelle. La sagesse machiavélienne nous enseigne que l'efficacité managériale repose sur une compréhension lucide des motivations humaines et une capacité à doser savamment information et rétention, participation et décision, confiance et contrôle.

Le dirigeant éclairé doit apprendre à distinguer les informations qui peuvent être partagées de celles qui doivent être préservées, les collaborateurs dignes de confiance de ceux qui nécessitent une surveillance attentive, les décisions qui gagnent à être collectives de celles qui exigent une autorité personnelle. Cette intelligence stratégique ne fait pas de lui un manipulateur, mais un architecte conscient des équilibres subtils qui permettent à une organisation de prospérer dans la durée.

L'illusion de la collaboration pure représente ainsi l'une des vulnérabilités les plus dangereuses du management contemporain. Elle transforme des dirigeants compétents en victimes de leur propre générosité, ouvrant la voie à des échecs évitables qui auraient pu être prévenus par une lecture plus réaliste des dynamiques humaines. Seule une approche machiavélienne, fondée sur la compréhension des intérêts réels plutôt que sur les proclamations d'intention, permet de bâtir cette diplomatie organisationnelle efficace que nous explorerons dans les pages suivantes.

## LE COÛT DE LA NAÏVETÉ POLITIQUE ET SES CONSÉQUENCES

L'histoire d'Étienne incarne parfaitement cette tragédie silencieuse qui frappe quotidiennement les organisations françaises. Directeur technique d'une entreprise de logiciels prometteuse implantée près de Lyon, Étienne possédait ce profil qui fait rêver les recruteurs : diplômé de l'École Polytechnique, expert reconnu en intelligence artificielle, et porteur d'une vision technologique révolutionnaire qui pouvait propulser son entreprise au rang des leaders européens du secteur. Son projet d'architecture logicielle nouvelle génération avait séduit le conseil d'administration lors de sa présentation, obtenant un budget conséquent et le soutien officiel de la direction générale.

Étienne croyait sincèrement que l'excellence technique et la justesse de sa vision suffiraient à garantir le succès de son initiative. Il avait passé des mois à peaufiner les spécifications, à recruter les meilleurs développeurs disponibles sur le marché, et à établir un planning de déploiement méticuleux. Sa présentation devant le comité exécutif avait été saluée par des applaudissements nourris, et le directeur général lui-même avait publiquement vanté l'audace et le potentiel de cette innovation. Étienne repartit de cette réunion avec la certitude d'avoir franchi l'étape décisive.

Ce qu'Étienne ne percevait pas, dans son enthousiasme technique, était l'inquiétude grandissante de plusieurs acteurs clés de l'organisation. Frédéric, le directeur commercial, voyait dans ce projet une menace directe à son propre territoire : cette nouvelle architecture technique risquait de rendre obsolète l'ancien système sur lequel reposaient ses relations privilégiées avec les clients historiques. Martine, la directrice des opérations, redoutait que le succès d'Étienne ne vienne éclipser ses propres réalisations et ne remette en question la pertinence de ses processus actuels. Quant à Philippe, le directeur financier, il commençait à s'inquiéter de l'impact budgétaire du projet sur ses objectifs annuels de rentabilité.

Ces trois dirigeants ne s'opposèrent jamais frontalement au projet. Ils participaient aux réunions avec un sourire bienveillant, posaient des questions qui semblaient constructives, et exprimaient même parfois leur admiration pour l'ambition d'Étienne. Mais pendant que ce dernier peaufinait ses algorithmes, ils tissaient discrètement une toile d'alliances et d'influences qui allait progressivement étouffer son initiative.

Frédéric commença par semer le doute auprès des clients stratégiques. Lors de ses visites commerciales, il glissait subtilement que l'entreprise travaillait sur des "innovations prometteuses mais encore incertaines" qui pourraient "perturber temporairement la qualité de service habituelle". Il suggérait aux clients inquiets qu'il valait peut-être mieux attendre avant d'envisager des évolutions majeures. Ces conversations informelles créèrent rapidement un climat d'incertitude qui remonta jusqu'au conseil d'administration sous forme de "préoccupations légitimes exprimées par nos partenaires historiques".

Martine, de son côté, orchestra une campagne plus subtile mais tout aussi efficace. Elle organisa des réunions transversales où elle soulignait les "défis opérationnels considérables" que représenterait l'intégration de cette nouvelle architecture. Elle fit circuler des analyses détaillées sur les "risques de disruption" pour les équipes en place, accompagnées de témoignages anonymes d'employés prétendument inquiets pour leur emploi. Ces documents, présentés comme des études objectives, alimentèrent progressivement une perception de dangerosité autour du projet d'Étienne.

Philippe compléta cette stratégie d'encerclement en questionnant publiquement la rentabilité à court terme de l'investissement. Il commandita une étude externe qui, sans remettre en cause la qualité technique du projet, soulignait les "incertitudes économiques" et recommandait une "approche plus progressive" pour minimiser les risques financiers. Cette étude, brandée par un cabinet de conseil réputé, devint rapidement la référence pour tous ceux qui cherchaient des arguments rationnels contre le projet.

Étienne assistait à cette érosion progressive de son soutien avec une incompréhension croissante. Il tentait de répondre aux objections par des arguments techniques toujours plus raffinés, multipliant les démonstrations et les preuves de concept. Il ne comprenait pas pourquoi ses réponses factuelles ne parvenaient pas à dissiper les "malentendus" qu'il percevait autour de son projet. Plus il s'acharnait à prouver la supériorité technique de sa solution, plus il apparaissait aux yeux des autres comme un technicien brillant mais déconnecté des réalités business.

Le coup de grâce vint lors d'une réunion de comité exécutif où Étienne n'était pas convié. Frédéric y présenta une analyse des "retours clients" qui suggérait que le marché n'était peut-être pas encore "mature" pour une telle innovation. Martine évoqua les "tensions sociales" que générait l'incertitude autour du projet, citant des exemples d'autres entreprises qui avaient échoué dans des transformations trop ambitieuses. Philippe conclut en proposant de "repenser la stratégie" pour privilégier des évolutions plus progressives et moins risquées.

Lorsque Étienne fut convoqué pour apprendre la "suspension temporaire" de son projet, il découvrit avec stupeur que la décision avait été prise sans lui. On lui expliqua avec des sourires gênés que l'entreprise préférait "consolider ses acquis" avant de se lancer dans des "aventures technologiques". On lui assura que son travail était "remarquable" et qu'il serait "certainement valorisé dans le futur", mais que les "contraintes actuelles" imposaient ce choix difficile.

Étienne quitta cette réunion dans un état de sidération totale. Il avait livré le meilleur projet de sa carrière, obtenu tous les feux verts techniques, respecté scrupuleusement les budgets et les délais, et pourtant il se retrouvait dépossédé de son initiative sans comprendre ce qui s'était réellement passé. Sa frustration se doubla rapidement d'un sentiment d'injustice profonde : comment des considérations qu'il jugeait secondaires avaient-elles pu l'emporter sur l'excellence de son travail ?

Les conséquences de cet échec dépassèrent largement la sphère professionnelle d'Étienne. Son équipe, qui avait cru en sa vision et investi une énergie considérable dans le projet, vécut cette décision comme une trahison. Plusieurs de ses meilleurs collaborateurs quittèrent l'entreprise dans les mois qui suivirent, emportant avec eux une expertise technique irremplaçable et laissant derrière eux une amertume durable. L'ambiance de travail, auparavant stimulante et créative, se dégrada progressivement sous le poids de la désillusion collective.

Étienne lui-même ne se remit jamais complètement de cette expérience. Sa confiance en ses capacités de leader s'effondra, remplacée par une méfiance généralisée envers les processus décisionnels de l'entreprise. Il devint progressivement plus prudent, moins innovant, cantonnant ses initiatives aux projets les moins ambitieux pour éviter de revivre une telle humiliation. Cette transformation personnelle priva l'organisation d'un potentiel d'innovation considérable, créant un cercle vicieux où la frilosité appelait la frilosité.

L'ironie de cette histoire réside dans le fait que, deux ans plus tard, un concurrent direct lança avec succès une solution technique remarquablement similaire à celle qu'avait proposée Étienne. Ce concurrent conquit rapidement des parts de marché significatives, validant rétrospectivement la pertinence de la vision technique d'Étienne. Mais à ce moment-là, il était trop tard : l'entreprise avait perdu sa longueur d'avance, et Étienne avait perdu sa foi en sa capacité à transformer ses idées en réalisations concrètes.

Cette tragédie illustre parfaitement le prix exorbitant de l'ignorance politique dans le monde de l'entreprise moderne. Étienne avait tout pour réussir sauf la compréhension fondamentale que son projet ne pouvait triompher uniquement par ses mérites techniques. Il n'avait pas saisi que chaque innovation majeure bouleverse des équilibres établis, menace des positions acquises, et génère des résistances qui doivent être anticipées et neutralisées.

Sa naïveté l'avait aveuglé sur la nécessité de construire des alliances préventives, de rassurer les parties prenantes inquiètes, et de présenter son innovation non pas comme une révolution technique mais comme une évolution profitable pour tous. Il n'avait pas compris que le succès organisationnel exige une orchestration subtile des intérêts humains, bien au-delà de l'excellence de la proposition de valeur initiale.

L'histoire d'Étienne révèle également comment l'absence de sens politique transforme les plus brillants professionnels en victimes de leur propre talent. En refusant de voir les dynamiques de pouvoir à l'œuvre autour de lui, Étienne s'était privé de la possibilité d'agir stratégiquement pour protéger et promouvoir son projet. Sa pureté d'intention était devenue sa principale vulnérabilité, exploitée avec une redoutable efficacité par des adversaires qu'il n'avait même pas identifiés comme tels.

Cette réalité douloureuse mais incontournable nous ramène au cœur de la leçon machiavélienne : dans un monde où les intérêts s'affrontent et où les ressources sont limitées, la naïveté politique ne constitue pas une vertu mais une forme d'irresponsabilité qui expose non seulement le dirigeant lui-même, mais également ses équipes et ses projets, aux appétits de ceux qui maîtrisent mieux les véritables règles du jeu organisationnel.

# La Solution Machiavélienne

## Redéfinir le "machiavélisme" : du cynisme perçu au réalisme stratégique

Le nom de Nicolas Machiavel traîne derrière lui cinq siècles de malentendus et de déformations qui ont transformé l'un des plus grands analystes politiques de l'histoire en caricature du manipulateur cynique. Cette distorsion représente l'une des plus grandes injustices intellectuelles de notre époque, privant les dirigeants contemporains d'un cadre de pensée d'une puissance extraordinaire pour naviguer la complexité organisationnelle moderne. Il nous faut donc commencer par démanteler méthodiquement cette légende noire pour révéler la véritable nature de la pensée machiavélienne : non pas un manuel de cynisme, mais une philosophie du réalisme stratégique au service de l'efficacité et de la pérennité organisationnelle.

### La genèse d'un malentendu historique

Le préjugé anti-machiavélien trouve ses racines dans une lecture superficielle et décontextualisée du *Prince*, cette œuvre majeure rédigée en 1513 par un homme qui venait de voir s'effondrer la République florentine qu'il servait avec dévouement. Machiavel n'écrivait pas un traité de manipulation personnelle, mais une analyse lucide des conditions nécessaires à la survie et à la prospérité des organisations politiques dans un monde hostile et imprévisible. Sa démarche était celle d'un médecin qui ausculte un patient gravement malade pour identifier les remèdes, même amers, susceptibles de le sauver.

Cette confusion originelle s'est amplifiée au fil des siècles, transformant le "machiavélisme" en synonyme de trahison, de duplicité et de calcul égoïste. L'adjectif "machiavélique" évoque aujourd'hui dans l'imaginaire populaire l'image du conspirant sournois qui manipule autrui pour servir ses intérêts personnels. Cette déformation trahit une incompréhension fondamentale de la démarche machiavélienne, qui ne visait nullement l'enrichissement personnel mais la préservation de l'ordre et la réalisation du bien commun par des moyens adaptés aux réalités du pouvoir.

## La véritable philosophie machiavélienne : l'art du réalisme stratégique

Loin de prôner la manipulation gratuite, Machiavel développe une philosophie du leadership fondée sur trois piliers fondamentaux qui conservent toute leur pertinence dans le contexte organisationnel contemporain.

Le premier pilier repose sur l'acceptation lucide de la nature humaine. Machiavel observe que les hommes sont guidés par leurs intérêts, leurs peurs et leurs ambitions plutôt que par des considérations morales abstraites. Cette constatation, loin d'être cynique, constitue le point de départ d'une approche réaliste du management. Un dirigeant qui ignore cette réalité et fonde sa stratégie sur l'hypothèse que ses collaborateurs agiront spontanément dans l'intérêt général se condamne à l'échec et expose son organisation aux dangers.

Le second pilier concerne l'adaptation des moyens aux circonstances. Machiavel ne prescrit pas un catalogue de techniques manipulatoires, mais enseigne l'art de choisir la méthode appropriée à chaque situation. Parfois, la transparence et la persuasion suffisent. D'autres fois, la fermeté et l'autorité s'imposent. Le dirigeant machiavélien n'est pas celui qui privilégie systématiquement la ruse sur la franchise, mais celui qui sait évaluer objectivement quelle approche servira le mieux les objectifs de l'organisation dans un contexte donné.

Le troisième pilier établit la primauté de l'efficacité sur la pureté des intentions. Machiavel juge les actions à leurs résultats plutôt qu'à leurs motivations. Un dirigeant qui prend une décision impopulaire mais nécessaire pour sauver son entreprise fait preuve de courage moral, même si cette décision lui attire des critiques. À l'inverse, un manager qui évite les choix difficiles par souci de préserver sa popularité personnelle trahit sa responsabilité envers l'organisation qu'il dirige.

**La responsabilité supérieure du leader**

Cette approche machiavélienne du leadership ne constitue pas un abandon de la morale, mais l'adoption d'une éthique de responsabilité supérieure. Le dirigeant authentiquement machiavélien ne cherche pas à satisfaire ses caprices personnels, mais à assumer pleinement sa mission de préservation et de développement de l'organisation qui lui est confiée. Cette mission l'oblige parfois à prendre des décisions que des individus sans responsabilité collective peuvent juger sévèrement, mais qui s'avèrent nécessaires pour le bien-être à long terme de l'ensemble.

Prenons l'exemple d'un directeur général qui découvre qu'une division de son entreprise accumule les pertes malgré les efforts répétés de redressement. L'approche "angélique" consisterait à maintenir indéfiniment cette activité déficitaire pour éviter les licenciements et préserver la paix sociale interne. L'approche machiavélienne conduirait à analyser objectivement si cette division peut être sauvée et, dans le cas contraire, à procéder rapidement à sa fermeture pour préserver l'emploi et l'avenir des autres collaborateurs de l'entreprise.

Cette décision peut paraître "cruelle" aux yeux de ceux qui ne portent pas la responsabilité de l'ensemble, mais elle témoigne d'une forme supérieure de responsabilité morale : celle qui accepte d'assumer temporairement l'impopularité pour éviter un désastre plus grand. Le dirigeant machiavélien n'est pas insensible à la souffrance qu'il peut causer, mais il refuse de laisser cette émotion compromettre son jugement stratégique.

**L'adaptation aux défis contemporains français**

Cette philosophie machiavélienne trouve une résonance particulière dans le contexte économique français contemporain, caractérisé par une complexité réglementaire croissante, des parties prenantes multiples aux intérêts divergents, et une concurrence internationale impitoyable. Les dirigeants français évoluent dans un environnement où les considérations sociales, environnementales, actionnariales et concurrentielles s'entremêlent de façon inextricable.

Dans ce contexte, l'approche machiavélienne offre une grille de lecture précieuse pour naviguer ces tensions apparemment contradictoires. Elle permet au dirigeant de distinguer les combats qu'il peut gagner de ceux qu'il doit éviter, les concessions qu'il peut accepter de celles qui compromettraient l'avenir de son organisation, les moments où il peut faire preuve de souplesse de ceux où la fermeté s'impose.

Cette philosophie éclaire également les défis spécifiquement français liés au dialogue social et à la négociation avec les partenaires sociaux. Un dirigeant formé à la pensée machiavélienne comprend que ces négociations ne se résument pas à un échange d'arguments techniques, mais impliquent une lecture fine des rapports de force, des contraintes réelles de chaque partie, et des fenêtres d'opportunité pour construire des compromis durables.

## La distinction entre fin personnelle et mission organisationnelle

La réhabilitation de Machiavel passe par une clarification essentielle de la différence entre l'usage personnel et l'usage organisationnel de ses enseignements. Utiliser les techniques machiavéliennes pour satisfaire son ego, éliminer des rivaux par jalousie personnelle, ou s'enrichir aux dépens de son organisation constitue effectivement une dévoiement condamnable de cette philosophie.

En revanche, employer ces mêmes techniques pour défendre les intérêts légitimes de son organisation, protéger ses équipes contre des menaces externes, ou réaliser une vision stratégique bénéfique à l'ensemble constitue un usage noble et responsable de l'héritage machiavélien. La différence réside dans la finalité poursuivie : l'intérêt personnel contre l'intérêt collectif.

Cette distinction permet de comprendre pourquoi certains dirigeants perçus comme "machiavéliques" par leurs contemporains sont aujourd'hui reconnus comme de grands leaders. Ils ont su prendre les décisions difficiles que leur époque exigeait, quitte à supporter temporairement l'incompréhension et la critique, pour léguer des organisations plus fortes aux générations futures.

**Un cadre intellectuel pour l'excellence managériale**

La pensée machiavélienne moderne ne propose pas de recettes miracles, mais offre un cadre intellectuel rigoureux pour développer cette forme d'intelligence stratégique indispensable aux dirigeants contemporains. Elle enseigne l'art de l'analyse objective des situations, la capacité à anticiper les réactions des différents acteurs, et la sagesse de choisir les moyens appropriés aux objectifs poursuivis.

Cette approche libère le dirigeant de la naïveté paralysante qui consiste à croire que les bonnes intentions suffisent à garantir de bons résultats. Elle lui permet de développer cette lucidité stratégique qui caractérise tous les grands leaders : la capacité à voir le monde tel qu'il est plutôt que tel qu'on souhaiterait qu'il soit, et à agir efficacement dans cette réalité imparfaite.

Le "machiavélisme" ainsi redéfini devient un outil de responsabilité et d'efficacité au service du bien commun organisationnel. Il transforme le dirigeant réactif et idéaliste en stratège proactif et réaliste, capable d'exercer un leadership authentique dans la complexité du monde moderne. Cette transformation constitue le préalable nécessaire à l'apprentissage des techniques spécifiques de diplomatie d'entreprise que nous explorerons dans les chapitres suivants.

## Le Prince moderne : un architecte des relations humaines et non un tyran

Lorsque Machiavel décrit le Prince idéal dans son œuvre magistrale, il ne dessine pas le portrait d'un tyran sanguinaire assoiffé de pouvoir personnel, mais celui d'un architecte subtil des relations humaines, capable de bâtir des structures durables de coopération et d'influence. Cette vision du leadership, transposée dans l'univers de l'entreprise moderne, révèle un modèle de dirigeant radicalement différent des stéréotypes managériaux contemporains. Le Prince d'aujourd'hui combine la perspicacité psychologique du diplomate, la vision stratégique de l'architecte et la détermination pragmatique de l'ingénieur social.

### Le leader comme ingénieur des motivations humaines

Le Prince moderne excelle dans l'art de comprendre et de canaliser les motivations profondes qui animent chaque individu au sein de son organisation. Cette compétence dépasse largement la simple empathie ou l'intelligence émotionnelle prônée par les théories managériales actuelles. Il s'agit d'une capacité analytique à déconstruire les ressorts psychologiques, les ambitions cachées et les craintes inavouées qui gouvernent réellement les comportements humains.

Cette compréhension lui permet de concevoir des interactions stratégiques où chaque partie prenante trouve un bénéfice authentique à coopérer, non par altruisme spontané, mais par convergence d'intérêts soigneusement orchestrée. Le dirigeant machiavélien ne cherche pas à contraindre les volontés, mais à créer les conditions dans lesquelles chacun choisit naturellement d'agir dans le sens de l'objectif collectif.

Dans le contexte français, cette approche revêt une importance particulière. Les entreprises françaises évoluent dans un environnement culturel où les rapports hiérarchiques traditionnels côtoient des aspirations démocratiques fortes, où l'individualisme intellectuel se mélange à l'attachement aux structures collectives. Le Prince moderne doit naviguer ces tensions culturelles avec la finesse d'un sociologue et la précision d'un stratège.

**Les dimensions du leadership machiavélien contemporain**

Le profil du dirigeant que nous formons dans cet ouvrage s'articule autour de plusieurs compétences fondamentales qui le distinguent radicalement du manager conventionnel.

- **La lecture stratégique des écosystèmes humains :** Capacité à identifier rapidement les réseaux d'influence informels, les alliances tacites et les tensions latentes qui structurent véritablement l'organisation, au-delà des organigrammes officiels.

- **L'architecture consensuelle :** Talent pour concevoir des solutions qui permettent à des parties aux intérêts divergents de trouver un terrain d'entente profitable, transformant la compétition destructrice en émulation productive.

- **La neutralisation préventive des oppositions :** Habileté à identifier les résistances potentielles avant qu'elles ne se cristallisent et à les désamorcer par l'anticipation plutôt que par la confrontation directe.

- **La communication d'influence :** Maîtrise de l'art de présenter les décisions et les orientations de manière à susciter l'adhésion intellectuelle et émotionnelle, en s'adaptant aux codes culturels et aux préoccupations spécifiques de chaque audience.

- **La gestion temporelle de l'autorité :** Intelligence du timing qui permet de savoir quand exercer son pouvoir de décision, quand déléguer la responsabilité, et quand laisser mûrir les situations avant d'intervenir.

Cette panoplie de compétences transforme le dirigeant en véritable chef d'orchestre des dynamiques humaines, capable de créer une symphonie organisationnelle où les talents individuels se potentialisent mutuellement au service d'un projet collectif ambitieux.

### La *Virtù* : l'excellence comme fondement de l'autorité

Le concept de *virtù*, central dans la pensée machiavélienne, transcende largement la notion morale traditionnelle de vertu pour désigner une forme d'excellence multidimensionnelle qui constitue le socle de la légitimité du dirigeant. Cette *virtù* se manifeste dans l'entreprise moderne à travers plusieurs dimensions complémentaires.

La *virtù* intellectuelle se traduit par une capacité d'analyse supérieure qui permet au dirigeant de décrypter la complexité des situations, d'anticiper les évolutions et de concevoir des stratégies robustes face à l'incertitude. Cette excellence analytique devient visible pour les équipes et génère naturellement le respect et la confiance.

La *virtù* décisionnelle s'exprime par le courage de prendre les décisions difficiles au bon moment, même lorsqu'elles sont impopulaires ou risquées. Cette détermination éclairée distingue le véritable leader du simple gestionnaire qui se contente d'administrer l'existant sans jamais s'engager sur des orientations structurantes.

La *virtù* communicationnelle se manifeste par la capacité à articuler une vision claire et mobilisatrice, à expliquer les enjeux complexes de manière accessible, et à maintenir la cohésion des équipes même dans les périodes difficiles. Cette excellence relationnelle transforme le dirigeant en source d'inspiration et de stabilité pour l'organisation.

Dans l'environnement entrepreneurial français, cette notion de *virtù* résonne particulièrement avec l'attachement culturel à l'excellence intellectuelle et à la qualité de l'argumentation. Le dirigeant qui fait preuve d'une *virtù* authentique gagne la reconnaissance méritocratique qui constitue l'un des fondements de l'autorité dans la culture managériale française.

**La maîtrise de la *Fortuna* : l'art de naviguer l'imprévisible**

Machiavel identifie la *Fortuna*, force du hasard et des circonstances imprévisibles, comme le grand défi auquel tout dirigeant doit faire face. Dans l'entreprise contemporaine, cette *Fortuna* prend la forme des crises économiques imprévisibles, des disruptions technologiques soudaines, des évolutions réglementaires inattendues ou des bouleversements géopolitiques qui affectent les marchés.

Le Prince moderne se distingue par sa capacité à transformer ces contraintes apparemment subies en opportunités stratégiques. Cette alchimie repose sur plusieurs mécanismes psychologiques et organisationnels sophistiqués.

- **L'anticipation stratégique :** Développement d'une veille permanente et d'une capacité de projection qui permettent d'identifier les signaux faibles annonciateurs de changements majeurs.

- **La flexibilité structurelle :** Conception d'organisations suffisamment agiles pour s'adapter rapidement aux évolutions de contexte sans perdre leur cohérence stratégique fondamentale.

- **La résilience collective :** Construction d'une culture organisationnelle qui considère l'incertitude et le changement comme des composantes naturelles de l'environnement plutôt que comme des anomalies à éliminer.

- **L'exploitation opportuniste :** Capacité à identifier rapidement les avantages compétitifs temporaires que créent les turbulences et à les exploiter avant que la concurrence ne s'adapte.

Cette maîtrise de la *Fortuna* distingue le dirigeant machiavélien du manager conventionnel qui subit passivement les évolutions de son environnement. Elle lui permet de maintenir son initiative stratégique même dans des contextes de forte incertitude, transformant l'organisation en acteur proactif plutôt qu'en simple réacteur aux événements externes.

**L'équilibre entre fermeté et souplesse**

Le Prince moderne incarne une forme sophistiquée d'équilibre entre fermeté décisionnelle et souplesse relationnelle qui lui permet d'exercer un leadership efficace sans tomber dans l'autoritarisme stérile. Cette dialectique subtile constitue l'art suprême de la diplomatie organisationnelle.

Sa fermeté se manifeste dans la clarté de ses orientations stratégiques, l'intransigeance sur les valeurs fondamentales de l'organisation, et la détermination dans l'exécution des décisions structurantes. Cette constance rassure les équipes et crée un cadre stable dans lequel chacun peut développer son potentiel.

Sa souplesse s'exprime dans sa capacité d'adaptation aux situations particulières, son ouverture au dialogue et sa disponibilité à ajuster les modalités d'exécution pour tenir compte des contraintes spécifiques rencontrées par ses collaborateurs. Cette flexibilité opérationnelle génère l'adhésion et facilite la mise en œuvre effective des orientations décidées.

La synthèse entre fermeté et souplesse permet au dirigeant machiavélien d'exercer une autorité naturelle qui ne repose ni sur la peur ni sur la séduction, mais sur la reconnaissance de sa compétence et de son engagement au service du projet collectif. Cette forme d'autorité, particulièrement adaptée aux mentalités françaises, génère une loyauté durable qui survit aux difficultés temporaires et aux désaccords ponctuels.

Le Prince moderne que je vous présente dans cet ouvrage représente ainsi l'antithèse du tyran caricatural. Il incarne l'évolution du leadership vers une forme de responsabilité éclairée qui concilie efficacité stratégique et respect des personnes, vision à long terme et pragmatisme opérationnel, autorité naturelle et dialogue constructif. Cette synthèse ouvre la voie à un exercice du pouvoir qui transcende les limitations des approches managériales conventionnelles pour atteindre une véritable maîtrise de l'art de diriger dans la complexité contemporaine.

# 1. Décrypter le Terrain : De l'Idéalisme à la Lucidité Stratégique

En novembre 1512, Piero Soderini, gonfalonier à vie de la République florentine, fuyait sa propre cité dans la nuit, déguisé en simple marchand. Cet homme, qui avait dirigé Florence pendant neuf années avec une intégrité morale irréprochable et une foi inébranlable en la vertu républicaine, découvrait brutalement que ses nobles idéaux ne pesaient rien face à la réalité implacable du pouvoir. Les troupes des Médicis approchaient des portes de la ville, soutenues par les armées pontificales, et Soderini refusait encore de croire que ses concitoyens puissent l'abandonner après tant d'années de service désintéressé.

Nicolas Machiavel, qui servait alors comme secrétaire de cette République, observait cette débâcle avec un mélange de tristesse et de lucidité croissante. Il voyait s'effondrer sous ses yeux l'illustration parfaite d'une vérité qui allait transformer sa compréhension du leadership : les bonnes intentions et la pureté morale ne suffisent pas à préserver le pouvoir quand on refuse de voir le monde tel qu'il est réellement. Soderini incarnait tous les défauts de l'idéalisme politique : il croyait que la justice triompherait naturellement de l'injustice, que la modération désarmerait automatiquement l'agressivité, et que la bonne foi suffirait à neutraliser la mauvaise foi de ses adversaires.

Cette nuit de novembre marque un tournant capital dans l'histoire de la pensée stratégique. Machiavel comprenait qu'il venait d'assister à la démonstration magistrale de ce qu'il appellerait plus tard la différence entre "ce qui devrait être" et "ce qui est effectivement". Soderini gouvernait selon ses principes moraux, en supposant que ses adversaires partageaient les mêmes valeurs. Les Médicis, eux, analysaient froidement les rapports de force réels, exploitaient les faiblesses de leurs ennemis et agissaient selon la logique du pouvoir plutôt que selon celle de l'éthique.

L'ironie tragique de cette histoire réside dans le fait que Soderini possédait toutes les qualités humaines qu'on souhaiterait voir chez un dirigeant : l'honnêteté, la modération, le dévouement au bien public, et un authentique souci de la justice. Mais ces vertus, appliquées sans discernement stratégique, devenaient des vulnérabilités exploitables par des adversaires moins scrupuleux. Sa générosité était perçue comme de la faiblesse, sa modération comme de l'indécision, et son respect des règles comme de la naïveté par ceux qui n'hésitaient pas à les transgresser pour atteindre leurs objectifs.

Machiavel tira de cette expérience traumatisante une leçon fondamentale qui résonne encore aujourd'hui dans les salles de conseil et les bureaux de direction : la première qualité d'un dirigeant n'est pas la bonté, mais la lucidité. Cette lucidité consiste à percevoir les motivations réelles des acteurs en présence, à évaluer objectivement les rapports de force existants, et à adapter sa stratégie aux contraintes effectives plutôt qu'aux idéaux souhaités.

Cette leçon historique trouve un écho particulièrement puissant dans l'environnement entrepreneurial français contemporain. Les dirigeants d'aujourd'hui évoluent dans un écosystème où les multiples stakeholders (actionnaires, salariés, clients, régulateurs, médias, opinion publique) développent des attentes souvent contradictoires et poursuivent des agendas qui ne convergent pas spontanément vers l'intérêt de l'organisation. Comme Soderini face aux Médicis, nombreux sont les managers qui commettent l'erreur de présupposer une harmonie naturelle des intérêts là où règne en réalité une compétition permanente pour l'influence et les ressources.

L'idéalisme managérial moderne reproduit les mêmes aveuglements que celui de Soderini. Combien de dirigeants croient encore que la transparence désarme automatiquement les critiques, que la bienveillance génère spontanément la réciprocité, ou que l'excellence technique suffit à emporter l'adhésion politique ? Ces croyances, aussi nobles soient-elles, ignorent la dimension stratégique fondamentale de tout exercice du leadership : la nécessité de comprendre et de maîtriser les jeux de pouvoir qui structurent réellement les organisations.

La chute de Soderini illustre également un piège subtil de l'idéalisme : la confusion entre les valeurs personnelles et l'efficacité stratégique. Soderini était personnellement intègre, mais cette intégrité personnelle ne le dispensait pas de développer une intelligence stratégique adaptée à son environnement politique. De même, les dirigeants contemporains peuvent être personnellement honnêtes tout en apprenant à décoder les motivations cachées, anticiper les manœuvres adverses, et construire des coalitions d'intérêts pour protéger leurs projets.

La tragédie florentine de 1512 révèle aussi comment l'idéalisme peut devenir une forme d'irresponsabilité déguisée. En refusant de voir la réalité du danger qui menaçait la République, Soderini ne préservait pas ses valeurs morales : il les condamnait à disparaître avec lui. Un dirigeant authentiquement responsable doit accepter de comprendre et de maîtriser les règles du jeu réel pour protéger et promouvoir les valeurs qu'il défend. L'angélisme stratégique devient ainsi une forme perverse d'égoïsme moral qui privilégie la pureté personnelle du dirigeant au détriment de la mission collective qu'il est censé servir.

Cette dynamique se reproduit quotidiennement dans les entreprises françaises où des managers compétents et bien intentionnés voient leurs projets échouer faute d'avoir su construire les alliances nécessaires, neutraliser les oppositions prévisibles, ou adapter leur communication aux attentes réelles de leurs interlocuteurs. Ils attribuent souvent ces échecs à la "politique" de l'entreprise, sans comprendre que cette dimension politique fait partie intégrante de leur responsabilité managériale.

L'exemple de Soderini nous enseigne que la première étape de toute stratégie efficace consiste à abandonner nos illusions sur la nature humaine et les dynamiques organisationnelles. Cette lucidité initiale n'implique ni cynisme ni renoncement aux valeurs, mais constitue le préalable indispensable à une action responsable et efficace. Comme Machiavel l'avait compris en observant l'effondrement de son maître, on ne peut pas transformer le monde si l'on refuse de le comprendre tel qu'il est réellement.

Ce chapitre vous guidera dans cette transformation fondamentale de votre approche du leadership. Nous explorerons ensemble comment développer cette acuité stratégique qui permet de percevoir les enjeux cachés, d'anticiper les réactions des différents acteurs, et de construire des stratégies robustes dans la complexité contemporaine. Vous apprendrez à distinguer les discours officiels des motivations profondes, à cartographier les véritables centres de pouvoir, et à évaluer objectivement les forces en présence.

Cette démarche ne vous transformera pas en manipulateur cynique, mais en stratège éclairé capable de servir efficacement vos objectifs et ceux de votre organisation. Car la véritable leçon de l'histoire de Soderini n'est pas que la vertu soit inutile, mais qu'elle doit s'allier à l'intelligence stratégique pour produire des résultats durables. Dans un monde où les enjeux sont réels et les conséquences définitives, l'idéalisme sans lucidité devient la plus dangereuse des imprudences.

## 1.1 Le Principe de la Verità Effettuale (La Vérité Effective des Choses)

### 1.1.1 Analyser les motivations réelles derrière les discours officiels

Au chapitre XV du *Prince*, Machiavel formule l'une de ses observations les plus révolutionnaires sur l'exercice du pouvoir : "Mais mon intention étant d'écrire chose utile à qui l'entend, il m'a paru plus convenable de suivre la vérité effective de la chose que l'imagination qu'on s'en fait." Cette phrase, apparemment anodine, contient en réalité l'un des principes stratégiques les plus puissants jamais énoncés pour comprendre et maîtriser les dynamiques humaines dans toute organisation.

La *verità effettuale*, ou vérité effective des choses, constitue le fondement philosophique de toute analyse stratégique rigoureuse. Ce concept révolutionnaire établit une distinction fondamentale entre deux niveaux de réalité : d'une part, les discours officiels, les valeurs affichées et les intentions proclamées ; d'autre part, les motivations profondes, les intérêts réels et les comportements effectifs qui gouvernent véritablement les actions humaines. Cette distinction n'est pas une simple nuance intellectuelle, mais un outil de décryptage indispensable pour quiconque aspire à exercer un leadership efficace dans la complexité organisationnelle moderne.

**La genèse d'un principe révolutionnaire**

Machiavel développa ce principe en observant l'échec répété de dirigeants politiques qui fondaient leurs décisions sur ce qu'ils espéraient trouver chez leurs interlocuteurs plutôt que sur ce qu'ils y trouvaient réellement. Il avait constaté que les princes les plus vertueux moralement étaient souvent les moins efficaces politiquement, précisément parce qu'ils refusaient de voir leurs adversaires tels qu'ils étaient vraiment. Cette cécité volontaire les condamnait à subir les manœuvres de ceux qui, moins scrupuleux mais plus lucides, analysaient froidement les motivations effectives de chaque acteur.

Le penseur florentin observait que les hommes "jugent généralement plus par les yeux que par les mains, car il appartient à chacun de voir, mais à peu de toucher." Cette métaphore saisissante illustre la différence entre la perception superficielle (ce que tout le monde peut voir) et la compréhension profonde (ce que seuls les initiés savent déceler). La vérité effective ne se révèle qu'à ceux qui acceptent de "toucher", c'est-à-dire d'analyser méthodiquement les ressorts cachés des comportements humains.

### Les mécanismes de la vérité effective

La *verità effettuale* fonctionne selon un principe d'analyse à plusieurs niveaux qui permet de percer les apparences pour atteindre la substance des motivations humaines. Le premier niveau concerne l'identification des intérêts matériels : que gagne concrètement chaque acteur à adopter telle position ou à soutenir telle initiative ? Cette question, apparemment triviale, révèle souvent des logiques cachées qui éclairent des comportements en apparence irrationnels.

Le deuxième niveau examine les enjeux de pouvoir et de statut : comment chaque décision affecte-t-elle la position relative des différents acteurs dans la hiérarchie formelle et informelle ? Cette dimension explique pourquoi certaines personnes s'opposent à des projets objectivement bénéfiques s'ils risquent de diminuer leur influence relative ou de valoriser leurs rivaux internes.

Le troisième niveau analyse les contraintes et les peurs non exprimées : quelles menaces, quelles pressions ou quelles vulnérabilités influencent secrètement les positions affichées ? Cette grille de lecture permet de comprendre pourquoi des alliés potentiels restent neutres ou pourquoi des soutiens apparents se révèlent fragiles dans l'épreuve.

## L'application moderne : décoder les motivations organisationnelles

Dans l'environnement managérial contemporain français, la maîtrise de la vérité effective devient cruciale pour naviguer la complexité des organisations matricielles, des structures transversales et des écosystèmes de parties prenantes multiples. Les dirigeants doivent apprendre à décoder les véritables enjeux derrière les positions officiellement exprimées lors des réunions, des négociations budgétaires ou des projets de transformation.

Lorsqu'un directeur de département s'oppose publiquement à un projet de digitalisation "pour préserver la qualité de service", la vérité effective peut révéler des motivations très différentes : crainte de voir ses compétences devenir obsolètes, inquiétude de perdre une partie de ses effectifs, ou volonté de protéger des processus qui lui confèrent un pouvoir de contrôle particulier. Cette analyse n'implique aucun jugement moral sur ces motivations, mais permet d'adapter la stratégie de persuasion aux véritables enjeux en présence.

De même, quand un comité de direction affiche unanimement son soutien à une stratégie de diversification internationale, la vérité effective examine les intérêts spécifiques de chaque membre : qui bénéficierait d'une expansion géographique de son périmètre ? Qui risque de voir ses ressources redéployées vers de nouveaux marchés ? Qui cherche à acquérir une expérience internationale pour faire évoluer sa carrière ? Cette analyse permet d'anticiper les comportements réels une fois la phase d'exécution engagée.

### Les outils pratiques de la vérité effective

La mise en œuvre du principe de vérité effective repose sur une méthode d'investigation systématique qui combine l'observation comportementale, l'analyse des incitations et l'évaluation des contraintes. Le dirigeant stratégique apprend à poser les bonnes questions : non pas "que dit cette personne ?", mais "qu'est-ce qui l'amène à dire cela maintenant ?" Non pas "cette proposition est-elle techniquement valable ?", mais "qui gagne et qui perd si elle est mise en œuvre ?"

Cette approche nécessite de développer une attention particulière aux signaux faibles et aux incohérences révélatrices. Quand les actes ne correspondent pas aux paroles, quand l'enthousiasme affiché contraste avec la réticence des comportements, quand l'urgence proclamée s'accompagne de lenteurs inexpliquées, la vérité effective commence à transparaître derrière le vernis des discours convenus.

L'analyse de la vérité effective s'appuie également sur la compréhension des systèmes d'incitation formels et informels qui régissent l'organisation. Comment les individus sont-ils évalués et récompensés ? Quelles sont les normes culturelles non écrites qui orientent les comportements ? Quels sont les tabous organisationnels qui contraignent l'expression directe de certains intérêts ? Cette cartographie des motivations profondes permet de prédire avec une précision remarquable les réactions des différents acteurs face aux initiatives stratégiques.

### La dimension éthique de la lucidité

Contrairement aux préjugés qui l'assimilent au cynisme, la pratique de la vérité effective constitue en réalité un impératif éthique pour tout dirigeant responsable. Refuser de voir les motivations réelles des acteurs organisationnels, c'est se condamner à prendre des décisions inadéquates qui produiront des conséquences non anticipées, souvent néfastes pour l'ensemble de l'organisation.

Un dirigeant qui ignore les résistances prévisibles à un projet de restructuration ne protège pas la "pureté" de sa démarche : il l'expose à l'échec et compromet l'avenir des collaborateurs qu'il prétend servir. Un manager qui refuse d'analyser les enjeux politiques d'une négociation commerciale ne préserve pas son "intégrité" : il handicape son entreprise face à des concurrents moins scrupuleux mais plus lucides.

La vérité effective n'encourage pas l'abandon des valeurs morales, mais leur mise en œuvre intelligente dans un monde où tous les acteurs ne partagent pas nécessairement les mêmes principes. Elle permet au dirigeant éthique d'être également efficace, en adaptant sa communication et sa stratégie aux réalités humaines plutôt qu'aux idéaux abstraits.

**L'avantage concurrentiel de la lucidité**

Dans l'économie moderne française, caractérisée par une concurrence internationale intense et des évolutions technologiques rapides, la capacité à décoder rapidement les véritables enjeux d'une situation constitue un avantage concurrentiel décisif. Les organisations qui maîtrisent la vérité effective détectent plus rapidement les opportunités émergentes, anticipent mieux les réactions de leurs partenaires et adversaires, et ajustent plus efficacement leurs stratégies aux évolutions de leur environnement. Cette supériorité analytique se traduit par une capacité d'adaptation supérieure qui permet de naviguer avec succès les crises sectorielles, les changements réglementaires et les disruptions technologiques. Pendant que leurs concurrents peinent à comprendre pourquoi leurs stratégies apparemment logiques échouent, les organisations maîtrisant la vérité effective ajustent en temps réel leurs approches en fonction des motivations réelles des acteurs clés.

La *verità effettuale* représente ainsi bien plus qu'un simple outil d'analyse : elle constitue le fondement d'une intelligence stratégique qui transforme la complexité organisationnelle de contrainte en opportunité. En apprenant à voir le monde tel qu'il est plutôt que tel que nous voudrions qu'il soit, vous acquérez la capacité de le transformer efficacement selon vos objectifs légitimes. Cette lucidité devient la première condition de toute action stratégique réussie dans l'environnement concurrentiel contemporain.

### 1.1.2 Développer une acuité pour distinguer les apparences de la réalité organisationnelle

Maîtriser le principe de la *verità effettuale* nécessite plus qu'une simple compréhension théorique : cela exige un système d'analyse pratique, reproductible et rigoureux que vous pouvez appliquer dans toutes les situations complexes auxquelles vous faites face. Cette méthode transformera votre capacité à décoder les véritables enjeux derrière les façades organisationnelles et vous donnera l'avantage stratégique de celui qui voit ce que les autres ignorent.

**Le protocole d'analyse de la vérité effective**

Nous avons développé une approche structurée en cinq étapes qui vous permettra d'analyser systématiquement toute situation organisationnelle pour en extraire les motivations réelles et les enjeux cachés. Ce protocole, appliqué méthodiquement, révèle invariablement les dynamiques souterraines qui gouvernent les comportements apparemment inexplicables.

1. **Collecte des données de surface**
    - Identifiez tous les discours officiels, communications publiques et positions affichées
    - Rassemblez les justifications présentées pour chaque décision ou position
    - Documentez les arguments rationnels et les objectifs proclamés
    - Notez les valeurs et principes invoqués par chaque partie
2. **Analyse des bénéficiaires réels**

- Identifiez concrètement qui gagne et qui perd dans chaque scénario envisagé
- Quantifiez les gains et pertes en termes de pouvoir, ressources, statut et influence
- Examinez les effets à court terme et à long terme pour chaque acteur
- Recherchez les bénéficiaires indirects ou cachés

3. **Décryptage des contraintes non exprimées**

    - Identifiez les pressions externes qui pèsent sur chaque acteur
    - Analysez les vulnérabilités que chacun cherche à protéger
    - Examinez les engagements antérieurs qui limitent les options disponibles
    - Recherchez les peurs inavouées qui motivent certaines positions

4. **Cartographie des alliances réelles**

    - Identifiez qui soutient réellement qui, au-delà des déclarations publiques
    - Analysez les patterns de communication informelle et les canaux cachés
    - Examinez les histoires personnelles et professionnelles qui créent des loyautés
    - Recherchez les intérêts partagés qui créent des alliances tacites

5. **Validation par l'observation comportementale**

    - Comparez les actions concrètes aux discours officiels
    - Observez les signaux non verbaux et les réactions spontanées
    - Analysez les choix de timing et de priorités révélés par les comportements
    - Identifiez les incohérences entre les paroles et les actes

**Les questions-clés de l'investigation stratégique**

Pour chaque situation que vous analysez, posez-vous systématiquement ces questions fondamentales qui révèlent invariablement les motivations cachées :

**Questions sur les bénéficiaires :**

- Qui gagne concrètement si cette décision est prise ?
- Qui perd réellement, au-delà des apparences ?
- Quels sont les gains indirects ou différés que cette situation procure ?
- Qui a intérêt à maintenir le statu quo, et pourquoi ?

**Questions sur les motivations profondes :**

- Qu'est-ce que cette personne cherche vraiment à protéger ?
- Quelle est la peur fondamentale qui guide cette position ?
- Quels objectifs personnels se cachent derrière les arguments rationnels ?
- Quelles promesses ou engagements antérieurs influencent cette attitude ?

**Questions sur les dynamiques cachées :**

- Quels sont les non-dits de cette conversation ou réunion ?
- Quelles informations essentielles ne sont pas partagées, et pourquoi ?
- Quelles sont les vraies règles du jeu, au-delà des procédures officielles ?
- Qui détient réellement le pouvoir de décision dans cette situation ?

**Questions sur les alliances souterraines :**

- Qui communique avec qui en dehors des canaux officiels ?
- Quelles loyautés personnelles transcendent les structures hiérarchiques ?
- Quels intérêts partagés créent des solidarités non avouées ?

- Qui influence qui, et par quels moyens non apparents ?

## Cas d'étude : La transformation digitale qui révèle les jeux de pouvoir

Analysons l'application de cette méthode à travers un cas réel, soigneusement anonymisé, d'une entreprise manufacturière européenne de taille intermédiaire confrontée à un projet de transformation digitale.

**La situation de surface :** Le directeur général annonce un ambitieux projet de digitalisation des processus de production. Officiellement, tous les directeurs de département soutiennent l'initiative. Le directeur des opérations vante publiquement les gains d'efficacité attendus. Le directeur des ressources humaines met en avant la modernisation des compétences. Le directeur financier souligne les économies à long terme.

**L'application du protocole révèle une réalité différente :**

1. **Analyse des bénéficiaires réels :**
    - Le directeur général consolide son image de leader innovant avant sa retraite prochaine
    - Le responsable IT, jusqu'ici marginalisé, devient soudain un acteur central avec un budget multiplié par trois
    - Le directeur des opérations risque de perdre 40% de ses effectifs et son statut d'expert incontournable
    - Le directeur des ressources humaines doit gérer des licenciements massifs tout en préservant le climat social
2. **Décryptage des contraintes cachées :**

- Le conseil d'administration exige une amélioration rapide des marges sous peine de cessation d'activité
- Le directeur des opérations approche de l'âge de la retraite et craint de ne pas maîtriser les nouvelles technologies
- Les représentants du personnel menacent de grève si les suppressions d'emplois dépassent un seuil critique
- Le directeur financier subit la pression des actionnaires pour démontrer un retour sur investissement rapide

3. **Observation des comportements révélateurs :**

    - Le directeur des opérations retarde systématiquement la fourniture des données nécessaires au diagnostic
    - Le directeur des ressources humaines évite de communiquer sur le projet auprès des équipes
    - Le responsable IT multiplie les réunions avec le directeur général en contournant la hiérarchie
    - Le directeur financier exige des garanties contractuelles excessives de la part des prestataires

**L'analyse transformée par la vérité effective :**

Cette investigation révèle que le projet de transformation digitale cache en réalité une guerre souterraine pour le contrôle du futur de l'entreprise. Le directeur général cherche à laisser un héritage de modernisation, le responsable IT tente une prise de pouvoir organisationnel, tandis que le directeur des opérations mène une résistance passive pour protéger son domaine d'influence et ses équipes.

Comprendre cette dynamique réelle permet d'adapter complètement la stratégie de mise en œuvre. Au lieu de traiter les résistances comme des problèmes techniques ou de communication, vous pouvez développer une approche qui prend en compte les véritables enjeux de pouvoir, les craintes légitimes et les intérêts divergents.

**Application pratique immédiate**

Pour intégrer cette méthode dans votre pratique quotidienne, suivez ce processus d'implémentation progressive :

**Semaine 1-2 : Calibrage initial**

- Choisissez trois situations actuelles de votre environnement professionnel
- Appliquez le protocole complet à chacune d'elles
- Documentez vos découvertes et validez-les par l'observation des comportements

**Semaine 3-4 : Développement de l'acuité**

- Pratiquez l'analyse rapide en posant systématiquement les questions-clés lors de chaque réunion importante
- Développez votre capacité d'observation des signaux non verbaux et des incohérences
- Créez un carnet personnel d'observations pour affiner votre compréhension des dynamiques récurrentes

**Mois 2-3 : Maîtrise stratégique**

- Utilisez vos analyses pour anticiper les réactions et ajuster vos propositions en conséquence
- Développez des stratégies d'influence adaptées aux motivations réelles que vous avez identifiées
- Mesurez l'amélioration de votre efficacité dans la gestion des situations complexes

Maîtriser la vérité effective vous confère un avantage décisif dans l'environnement concurrentiel français contemporain, où la capacité à naviguer la complexité organisationnelle détermine souvent plus le succès que l'excellence technique pure. En voyant ce que les autres ne voient pas, vous pouvez agir là où les autres subissent, transformant votre compréhension supérieure des dynamiques humaines en résultats concrets et durables.

## 1.2 LA CARTOGRAPHIE STRATÉGIQUE DU POUVOIR

### 1.2.1 IDENTIFIER LES CENTRES DE DÉCISION FORMELS ET INFORMELS

La cartographie du pouvoir constitue l'une des compétences les plus essentielles du dirigeant stratégique, mais elle demeure paradoxalement l'une des moins enseignées dans les formations managériales traditionnelles. Nous allons vous fournir une méthode systématique et reproductible pour décoder les véritables structures de pouvoir au sein de votre organisation, en allant bien au-delà de l'organigramme officiel pour révéler les réseaux d'influence qui gouvernent réellement les décisions stratégiques.

**Le cadre méthodologique de la cartographie du pouvoir**

Notre approche s'articule autour de cinq phases distinctes qui vous permettront de construire progressivement une vision complète et stratégique des dynamiques de pouvoir organisationnelles. Cette méthode combine l'observation directe, l'analyse documentaire et l'investigation relationnelle pour produire une carte précise et exploitable.

**Phase 1 : Collecte des données structurelles de base**

1. **Recensement des informations officielles**
    - Obtenez l'organigramme officiel le plus récent de votre organisation

- Identifiez tous les comités, conseils et instances de décision formelles
- Répertoriez les processus de décision documentés et les circuits de validation
- Collectez les comptes-rendus des dernières réunions stratégiques importantes

### 2. Analyse des flux financiers et budgétaires

- Identifiez qui contrôle les budgets significatifs et les enveloppes d'investissement
- Repérez les centres de coûts et de profit sous contrôle de chaque responsable
- Analysez les processus d'approbation des dépenses selon les montants
- Cartographiez les signatures autorisées pour les engagements contractuels

### 3. Mapping des expertises critiques

- Recensez les compétences techniques rares ou hautement spécialisées
- Identifiez les détenteurs d'informations stratégiques sensibles
- Répertoriez les relations privilégiées avec les clients, fournisseurs ou partenaires clés
- Analysez qui possède les mots de passe, accès et autorisations critiques

## Phase 2 : Identification des réseaux informels d'influence

### 4. Observation des patterns de communication

- Notez qui consulte qui avant les décisions importantes
- Observez les conversations privées précédant ou suivant les réunions officielles
- Identifiez les personnes régulièrement sollicitées pour des conseils informels

- Repérez les canaux de communication privilégiés (SMS, appels, rencontres fortuites)

5. **Analyse des coalitions et alliances tacites**

    - Observez qui soutient systématiquement les propositions de qui
    - Identifiez les oppositions récurrentes et les patterns de vote ou d'approbation
    - Repérez les personnes qui changent d'avis après consultation de certaines autres
    - Analysez qui influence les agendas et les priorités de discussion

6. **Cartographie des accès privilégiés**

    - Identifiez qui a un accès direct et régulier à la direction générale
    - Repérez les conseillers officieux et les personnes de confiance personnelle
    - Observez qui participe aux réunions informelles, déjeuners et événements privés
    - Analysez qui reçoit les informations en avant-première ou en exclusivité

### Phase 3 : Évaluation des leviers de pouvoir spécifiques

7. **Identification des gardiens de ressources critiques**

    - Déterminez qui contrôle l'accès aux informations stratégiques sensibles
    - Identifiez qui gère les relations avec les parties prenantes externes cruciales
    - Repérez qui maîtrise les processus opérationnels essentiels au fonctionnement
    - Analysez qui détient les compétences irremplaçables à court terme

8. **Analyse des capacités de nuisance et d'obstruction**

- Évaluez qui peut bloquer ou ralentir les processus critiques
- Identifiez les personnes capables de créer des dysfonctionnements significatifs
- Repérez qui contrôle la communication interne ou externe sensible
- Analysez qui possède des informations compromettantes ou embarrassantes

**Phase 4 : Investigation des histoires et loyautés personnelles**

### 9. Recherche des liens personnels et professionnels

- Tracez les parcours professionnels communs et les expériences partagées
- Identifiez les relations de mentoring, de parrainage ou de protégé
- Repérez les liens familiaux, amicaux ou associatifs entre collaborateurs
- Analysez les alliances fondées sur des intérêts extra professionnels communs

### 10. Évaluation des dettes et obligations mutuelles

- Identifiez qui doit sa position ou sa promotion à qui
- Repérez les services rendus et les soutiens apportés dans le passé
- Analysez les promesses d'évolution, d'augmentation ou de reconnaissance
- Évaluez les vulnérabilités partagées et les secrets communs

**Phase 5 : Validation et mise à jour de la cartographie**

### 11. Test de cohérence par observation comportementale

- Vérifiez vos hypothèses en observant les réactions lors d'annonces importantes

- Testez l'influence présumée en observant qui parvient à faire accepter ses propositions
- Validez les alliances supposées en analysant les prises de position publiques
- Confirmez les expertises critiques en observant vers qui se tournent les décideurs

## 12. Actualisation continue de votre analyse

- Établissez un système de veille pour détecter les évolutions significatives
- Intégrez les nouveaux arrivants et les départs dans votre cartographie
- Adaptez votre analyse aux réorganisations et changements structurels
- Réévaluez périodiquement vos conclusions en fonction des événements observés

**Checklist opérationnelle pour votre cartographie du pouvoir**

Pour faciliter la mise en œuvre pratique de cette méthode, utilisez cette checklist systématique qui vous guidera dans votre investigation :

**Préparation de l'investigation :**

- Avez-vous défini clairement l'objectif de votre cartographie (projet spécifique, évolution de carrière, négociation importante) ?
- Disposez-vous des ressources documentaires nécessaires (organigrammes, comptes-rendus, budgets) ?
- Avez-vous identifié vos propres biais et présupposés pour les neutraliser ?

**Collecte des données formelles :**

- Organigramme officiel analysé et actualisé
- Instances de décision formelles répertoriées
- Circuits de validation documentés

- Contrôles budgétaires et financiers cartographiés
- Expertises critiques identifiées

**Investigation des réseaux informels :**

- Patterns de consultation préalable observés
- Alliances et coalitions tacites identifiées
- Accès privilégiés à la direction repérés
- Canaux de communication informels cartographiés
- Influences sur les agendas et priorités analysées

**Évaluation des leviers de pouvoir :**

- Gardiens des ressources critiques identifiés
- Capacités d'obstruction évaluées
- Détenteurs d'informations sensibles repérés
- Contrôleurs des relations externes analysés

**Validation et utilisation :**

- Hypothèses testées par observation comportementale
- Cohérence globale de l'analyse vérifiée
- Système de mise à jour établi
- Applications stratégiques planifiées

Cette cartographie stratégique du pouvoir vous procure un avantage décisif dans votre environnement organisationnel, où les structures matricielles complexes et les jeux d'influence subtils déterminent souvent l'issue des projets stratégiques plus que l'excellence technique ou la pertinence économique des propositions. En maîtrisant cette méthode, vous transformez votre compréhension des dynamiques organisationnelles en véritable intelligence stratégique, vous permettant d'anticiper les réactions, de construire les alliances appropriées et d'éviter les écueils politiques qui font échouer tant d'initiatives par ailleurs remarquables.

### 1.2.2 Évaluer avec précision les forces, faiblesses et leviers de chaque acteur clé

Une fois votre cartographie du pouvoir établie, vous détenez la matière première de l'intelligence stratégique, mais cette carte demeure inutile tant que vous n'avez pas appris à l'analyser avec la rigueur d'un stratège. L'évaluation précise du capital politique de chaque acteur constitue l'art suprême de l'analyse organisationnelle, celui qui sépare le dirigeant lucide du manager naïf. Cette compétence transforme votre compréhension statique des structures en intelligence dynamique des forces en présence.

**Le concept de capital politique : une richesse invisible mais déterminante**

Le capital politique représente la capacité réelle d'un individu à influencer les décisions, les processus et les résultats au sein de votre organisation, indépendamment de sa position hiérarchique officielle. Cette forme de richesse organisationnelle se compose de quatre dimensions fondamentales que nous devons apprendre à mesurer avec précision : la légitimité, le réseau relationnel, l'accès à l'information stratégique, et la capacité d'action positive ou négative.

La légitimité constitue le socle du capital politique. Elle se manifeste sous plusieurs formes qui se cumulent et se renforcent mutuellement. La légitimité formelle découle de la position hiérarchique et des responsabilités officiellement attribuées. La légitimité d'expertise émane de la reconnaissance des compétences techniques ou de l'expérience unique de l'individu. La légitimité relationnelle provient de la confiance et du respect que lui accordent ses pairs, supérieurs et collaborateurs. La légitimité historique résulte de son ancienneté, de sa contribution passée aux succès de l'organisation, et de sa connaissance institutionnelle approfondie.

Le réseau relationnel représente la seconde composante cruciale du capital politique. Il ne s'agit pas seulement du nombre de contacts, mais de leur qualité, de leur diversité et de leur positionnement stratégique. Un réseau puissant combine des relations verticales (accès aux niveaux hiérarchiques supérieurs et inférieurs), horizontales (influence sur les pairs et les autres départements), et externes (connexions avec les clients, fournisseurs, régulateurs, médias ou experts sectoriels).

L'accès à l'information stratégique constitue la troisième dimension du pouvoir organisationnel. Certains individus disposent, par leur position ou leurs relations, d'informations critiques avant les autres : évolutions stratégiques en préparation, changements organisationnels à venir, données financières sensibles, ou intentions réelles de la direction. Cette information privilégiée leur confère un avantage décisionnel considérable et renforce leur influence sur les autres acteurs.

La capacité d'action, quatrième pilier du capital politique, se décline en deux volets complémentaires : la capacité de soutien (pouvoir d'accélérer, faciliter, promouvoir une initiative) et la capacité de nuisance (pouvoir de retarder, compliquer, saboter un projet). Cette capacité dépend des ressources contrôlées, des processus maîtrisés, et des leviers d'influence disponibles.

**Méthode d'évaluation du capital politique**

L'évaluation systématique du capital politique nécessite une approche méthodique qui combine l'observation directe, l'analyse documentaire et l'investigation relationnelle. Pour chaque acteur clé identifié dans votre cartographie, vous devez procéder à une évaluation sur une échelle de 1 à 5 pour chacune des quatre dimensions, en vous appuyant sur des indicateurs concrets et observables.

**Évaluation de la légitimité :** Examinez la reconnaissance officielle (titres, mandats, responsabilités), la reconnaissance d'expertise (fréquence des consultations, références dans les discussions techniques), la reconnaissance relationnelle (écoute accordée en réunion, recherche de son avis) et la reconnaissance historique (ancienneté, participation aux succès passés, mémoire institutionnelle).

**Évaluation du réseau relationnel :** Analysez l'étendue (nombre de contacts significatifs), la diversité (variété des départements, niveaux hiérarchiques, fonctions), la qualité (proximité des relations, fréquence des échanges, confiance mutuelle) et le positionnement stratégique (accès aux décideurs, influenceurs, experts externes).

**Évaluation de l'accès à l'information :** Observez la précocité (reçoit-il les informations en avant-première ?), l'exclusivité (a-t-il accès à des données sensibles ?), la variété (couvre-t-il plusieurs domaines d'information ?) et la fiabilité (ses informations se révèlent-elles exactes ?).

**Évaluation de la capacité d'action :** Mesurez les ressources contrôlées (budget, équipes, infrastructures), les processus maîtrisés (validation, approbation, coordination), les leviers d'influence (expertise irremplaçable, relations critiques) et l'historique d'efficacité (capacité démontrée à faire aboutir ou échouer des initiatives).

### Cas pratique : l'évaluation stratégique lors d'un projet de transformation digitale

Analysons l'application de cette méthode à travers le cas d'une entreprise de services financiers européenne lançant un ambitieux programme de transformation digitale. Ce projet, baptisé "Horizon 2030", vise à moderniser entièrement les systèmes d'information, digitaliser l'expérience client et automatiser les processus internes. L'évaluation du capital politique des acteurs clés révèle des dynamiques fascinantes qui permettent d'anticiper avec précision les soutiens et les résistances.

**Profil 1 : La directrice des systèmes d'information** Légitimité : 4/5 (expertise technique reconnue, responsabilité officielle du projet) Réseau : 3/5 (bonnes relations internes, contacts limités avec les métiers) Accès information : 4/5 (vision complète des enjeux techniques, accès direction générale) Capacité d'action : 4/5 (contrôle budgets IT, équipes techniques, processus validation)

Cette évaluation révèle un allié naturel au capital politique élevé, mais dont l'influence reste concentrée sur le périmètre technique. Sa capacité à porter le projet sur les aspects technologiques est forte, mais elle nécessitera des alliances pour convaincre les métiers.

**Profil 2 : Le directeur commercial** Légitimité : 5/5 (résultats commerciaux excellents, reconnaissance direction générale) Réseau : 5/5 (relations privilégiées clients, équipes terrain, direction générale) Accès information : 3/5 (informations commerciales, accès limité aux enjeux techniques) Capacité d'action : 4/5 (influence sur équipes commerciales, relations clients, revenus entreprise)

Cette analyse révèle un acteur au capital politique maximal sur son domaine, mais dont l'attitude envers le projet reste incertaine. Son soutien conditionnerait largement l'acceptation du projet par les équipes opérationnelles.

**Profil 3 : Le directeur des opérations** Légitimité : 3/5 (ancienneté, connaissance processus, expertise limitée sur le digital) Réseau : 4/5 (relations étendues internes, contacts opérationnels externes) Accès information : 4/5 (vision globale processus, informations opérationnelles sensibles) Capacité d'action : 5/5 (contrôle processus critiques, capacité obstruction maximale)

Cette évaluation identifie un opposant potentiel disposant d'une capacité de nuisance considérable. Son capital politique repose davantage sur son pouvoir d'obstruction que sur son influence positive, ce qui en fait un acteur critique à neutraliser ou rallier prioritairement.

### L'anticipation stratégique grâce à l'évaluation du capital politique

Cette évaluation systématique permet de prédire avec une précision remarquable les comportements et réactions des acteurs clés face au projet Horizon 2030. Elle révèle trois insights stratégiques majeurs qui transforment complètement l'approche du projet.

**Premier insight : la coalition critique** L'analyse montre que le succès du projet dépend de la constitution d'une alliance entre la directrice des systèmes d'information et le directeur commercial. Leur capital politique combiné couvre l'ensemble des dimensions nécessaires : légitimité technique et business, réseaux complémentaires, accès information globale, et capacités d'action convergentes.

**Deuxième insight : la résistance prévisible** L'évaluation du directeur des opérations révèle un opposant potentiel dont la capacité de nuisance pourrait compromettre l'ensemble du projet. Sa forte capacité d'action négative, combinée à son accès privilégié à l'information opérationnelle, en fait un adversaire redoutable qui nécessite une stratégie spécifique de neutralisation ou de ralliement.

**Troisième insight : les leviers d'influence optimaux** L'analyse comparative des profils révèle que la stratégie de communication doit être différenciée selon les interlocuteurs. La directrice des systèmes d'information sera sensible aux arguments techniques et de gouvernance, le directeur commercial aux bénéfices clients et à l'avantage concurrentiel, tandis que le directeur des opérations devra être rassuré sur la continuité opérationnelle et son rôle dans le nouvel écosystème.

L'intelligence stratégique permet de construire un plan d'action préventif qui adresse spécifiquement les dynamiques de pouvoir identifiées, transformant une approche réactive en stratégie proactive d'influence et de coalition.

La maîtrise de l'évaluation du capital politique vous confère ainsi un avantage décisif dans l'environnement managérial français contemporain. Cette compétence transforme votre capacité à naviguer la complexité organisationnelle, anticiper les obstacles et construire les alliances nécessaires au succès de vos initiatives stratégiques. En développant cette intelligence du pouvoir, vous évoluez du statut de gestionnaire de projet à celui de véritable stratège organisationnel.

# 2. Forger des Alliances : Transformer les Rivaux en Alliés

Rome, 60 avant Jésus-Christ. Dans une villa discrète aux abords de la Ville éternelle, trois hommes qui se détestent cordialement scellent secrètement l'alliance la plus improbable de l'histoire politique romaine. Jules César, ambitieux préteur aux dettes colossales, Pompée le Grand, général victorieux mais méprisé par l'aristocratie, et Marcus Licinius Crassus, l'homme le plus riche de Rome mais humilié par ses échecs militaires, décident de mettre temporairement leurs rivalités de côté pour s'emparer du pouvoir. Cette alliance clandestine, que l'histoire retiendra sous le nom de premier triumvirat, transformera trois adversaires acharnés en maîtres absolus de la République romaine pendant près d'une décennie.

Cette rencontre secrète illustre l'une des vérités les plus puissantes et les plus contre-intuitives de la stratégie politique et managériale : les alliances les plus efficaces ne naissent pas de l'amitié ou de la sympathie mutuelle, mais du calcul froid des intérêts partagés et des bénéfices complémentaires. Dans un monde où la collaboration est souvent présentée comme l'aboutissement naturel de relations harmonieuses, l'exemple du triumvirat nous rappelle que les coalitions les plus redoutables se forment précisément entre ceux qui ont le plus de raisons de se combattre.

**L'anatomie d'une alliance improbable**

Pour comprendre le génie stratégique de cette alliance, nous devons saisir à quel point elle était improbable. César, Pompée et Crassus incarnaient trois factions rivales de la société romaine, aux intérêts apparemment inconciliables. César représentait l'aristocratie populaire, cherchant à s'appuyer sur les masses pour accéder au consulat. Pompée symbolisait la puissance militaire, auréolé de ses victoires en Orient mais bloqué par un Sénat conservateur qui refusait de ratifier ses conquêtes et d'attribuer des terres à ses vétérans. Crassus incarnait la richesse commerciale, disposant d'une fortune immense mais frustré par son manque de gloire militaire et de reconnaissance politique.

Ces trois hommes s'étaient affrontés dans tous les domaines de la vie publique romaine. Pompée et Crassus avaient été consuls ensemble en 70 avant Jésus-Christ, dans une cohabitation si conflictuelle qu'ils avaient refusé de se parler pendant toute la durée de leur mandat. César et Pompée rivalisaient pour le leadership des factions populaires, tandis que César et Crassus se disputaient l'influence sur les milieux d'affaires. Leurs ambitions personnelles semblaient structurellement incompatibles : tous trois visaient la prééminence politique, militaire et sociale dans une République où la tradition n'admettait qu'un seul *princeps civitatis* ("First Citizen") à la fois.

Pourtant, en quelques heures de négociations secrètes, ces rivaux parvinrent à identifier une convergence d'intérêts suffisamment puissante pour surmonter leurs antagonismes personnels. César apportait son habileté politique et sa popularité auprès des masses, Pompée sa gloire militaire et ses légions de vétérans, Crassus sa fortune et ses réseaux dans les milieux économiques. Chacun possédait précisément ce dont les deux autres avaient besoin pour réaliser leurs ambitions respectives.

**La mécanique des bénéfices mutuels**

La beauté stratégique du triumvirat résidait dans sa capacité à transformer les faiblesses de chaque membre en forces collectives. César, criblé de dettes après sa préture en Hispanie, obtenait le soutien financier de Crassus et la caution militaire de Pompée pour accéder au consulat. En échange, il promettait d'utiliser son mandat consulaire pour faire voter les lois nécessaires aux intérêts de ses alliés. Pompée, bloqué par l'hostilité sénatoriale, bénéficiait de l'influence politique de César et des ressources de Crassus pour faire ratifier ses actes en Orient et obtenir les terres promises à ses soldats. Crassus, en quête de gloire militaire, s'assurait le soutien de ses partenaires pour obtenir un commandement prestigieux qui lui permettrait d'égaler la renommée de Pompée.

Cette alliance tripartite fonctionnait selon un principe de complémentarité parfaite : chaque membre apportait ce qu'il maîtrisait le mieux et recevait ce qui lui manquait le plus. César maîtrisait l'art oratoire et les subtilités du droit constitutionnel, Pompée excellait dans l'art militaire et disposait d'un prestige incomparable auprès des légions, Crassus contrôlait les leviers économiques et financiers de la République. En mutualisant leurs ressources spécifiques, ils créaient une coalition omnipotente capable de dominer tous les aspects de la vie publique romaine.

Les résultats de cette stratégie d'alliance dépassèrent les espérances les plus optimistes de ses architectes. César fut élu consul pour l'année 59 et put faire voter l'ensemble de son programme législatif, y compris les mesures favorisant ses alliés. Pompée obtint la ratification de ses conquêtes orientales et les terres pour ses vétérans. Crassus bénéficia de législations favorables à ses intérêts commerciaux et financiers. Collectivement, les triumvirs contrôlèrent la politique romaine pendant près d'une décennie, imposant leurs candidats aux magistratures, orientant la politique extérieure selon leurs intérêts, et se partageant les provinces les plus lucratives de l'Empire.

### Les leçons pour la diplomatie d'entreprise moderne

Cette alliance historique révèle des mécanismes stratégiques d'une actualité saisissante pour les dirigeants confrontés à la complexité organisationnelle contemporaine. Dans l'environnement économique français actuel, marqué par la concurrence internationale intense, les restructurations permanentes et les cycles d'innovation accélérés, la capacité à transformer des rivaux potentiels en alliés stratégiques détermine souvent la survie et le succès des organisations.

Observons la fusion entre PSA Peugeot Citroën et Fiat Chrysler Automobiles en 2021, qui a donné naissance à Stellantis. Cette alliance entre deux constructeurs européens en difficulté face aux géants allemands et aux nouveaux entrants électriques illustre parfaitement la logique triumvirale : deux entreprises qui se disputaient les mêmes marchés européens ont choisi de mutualiser leurs forces plutôt que de s'affaiblir dans une concurrence stérile. PSA apportait sa maîtrise des technologies diesel efficaces et sa rentabilité opérationnelle, Fiat Chrysler contribuait avec sa présence sur le marché américain et ses marques premium. Cette alliance contre-intuitive a créé le quatrième constructeur automobile mondial, capable de rivaliser avec Volkswagen, Toyota et General Motors.

De même, dans le secteur technologique français, nous assistons régulièrement à des alliances surprenantes entre entreprises concurrentes face à la domination des GAFAM américains et des géants chinois. Ces coalitions industrielles reproduisent la logique du triumvirat romain : des acteurs qui se disputent naturellement les mêmes marchés choisissent temporairement de s'allier pour affronter des menaces communes plus importantes que leurs rivalités internes.

**La transformation de l'énergie conflictuelle**

Le génie stratégique du triumvirat illustre un principe fondamental de la diplomatie organisationnelle : l'énergie de la rivalité, correctement canalisée, devient la force motrice des alliances les plus puissantes. Les tensions entre César, Pompée et Crassus ne disparurent jamais totalement, mais elles furent temporairement sublimées dans un projet commun qui permettait à chacun de maximiser ses gains individuels tout en contribuant à un succès collectif.

Cette dynamique se retrouve dans tous les secteurs de l'économie française contemporaine. Les alliances entre banques concurrentes pour développer des plateformes de paiement digital, les consortiums entre entreprises rivales pour répondre à des appels d'offres publics majeurs, ou les partenariats technologiques entre concurrents pour développer des standards industriels communs reproduisent tous cette logique de transformation de la rivalité en synergie stratégique.

## Comment transformer l'énergie de la rivalité en une force de coopération stratégique ?

Cette question, au cœur de la diplomatie d'entreprise moderne, trouve dans l'exemple du triumvirat romain des éléments de réponse d'une richesse exceptionnelle. Les trois conspirateurs démontrèrent qu'il existe des moments stratégiques où l'intérêt personnel bien compris dicte de s'allier temporairement avec ses rivaux les plus redoutables plutôt que de poursuivre une concurrence destructrice.

La réponse réside dans la capacité à identifier les convergences d'intérêts cachées derrière les antagonismes apparents, à concevoir des structures de coopération qui permettent à chaque partie de gagner plus en s'alliant qu'en restant isolée, et à gérer la tension permanente entre compétition et collaboration qui caractérise ces alliances contre-intuitives.

Dans les pages qui suivent, nous explorerons les mécanismes précis de cette alchimie stratégique. Vous découvrirez comment analyser méthodiquement les intérêts réels de vos rivaux pour identifier les terrains de convergence, comment structurer des propositions d'alliance irrésistibles qui transforment vos adversaires potentiels en partenaires temporaires, et comment gérer les dynamiques complexes de ces coalitions où la coopération et la compétition coexistent en permanence.

Ce chapitre vous livrera les secrets de la construction d'alliances solides et durables, en vous enseignant à maîtriser l'art délicat de la diplomatie d'influence qui transforme les énergies conflictuelles en forces de transformation organisationnelle. Car comme l'ont démontré César, Pompée et Crassus, les alliances les plus puissantes ne naissent pas de l'harmonie, mais de l'intelligence stratégique qui sait transformer la rivalité en instrument de domination collective.

## 2.1 Le Calcul des Intérêts Mutuels

### 2.1.1 Le principe de construire des coalitions sur des bénéfices partagés, non sur l'amitié

La première leçon fondamentale de la diplomatie stratégique révolutionne complètement notre compréhension moderne des alliances professionnelles : les coalitions les plus puissantes et les plus durables ne naissent jamais de l'amitié, de la sympathie personnelle ou de l'harmonie relationnelle, mais du calcul froid et précis des intérêts mutuels. Cette vérité, que Machiavel a codifiée dans ses analyses des alliances entre principautés italiennes, constitue le socle de toute stratégie d'influence efficace en entreprise.

**Le principe de l'intérêt mutuel comme fondement des alliances stratégiques**

Machiavel établit dans *Le Prince* une distinction capitale entre deux types d'alliances : celles qui reposent sur les sentiments et celles qui s'appuient sur les intérêts. Les premières, fondées sur l'affection personnelle, la confiance ou les affinités culturelles, se révèlent systématiquement fragiles et volatiles. Elles dépendent de facteurs émotionnels incontrôlables et évoluent au gré des humeurs, des déceptions personnelles ou des changements de circonstances. Les secondes, construites sur l'analyse rigoureuse des bénéfices partagés, démontrent une résilience remarquable face aux turbulences et aux évolutions du contexte.

Cette distinction fondamentale repose sur une compréhension lucide de la nature humaine : les individus agissent prioritairement en fonction de leurs intérêts, même lorsqu'ils proclament être guidés par des valeurs altruistes ou des sentiments généreux. L'habileté du stratège consiste à identifier ces intérêts réels, souvent masqués ou non avoués, et à construire des propositions d'alliance qui permettent à chaque partie d'atteindre ses objectifs tout en contribuant au succès collectif.

**La mécanique des bénéfices partagés**

Le principe des bénéfices partagés fonctionne selon une logique mathématique simple mais puissante : une alliance stratégique ne peut perdurer que si chaque participant en retire plus qu'il n'y investit, et si la valeur créée collectivement dépasse la somme des contributions individuelles. Cette équation fondamentale transforme la collaboration d'un acte de bonne volonté en un investissement rationnel où chaque partie calcule son retour sur engagement.

La mécanique des bénéfices partagés repose sur trois piliers structurels. Le premier pilier, la complémentarité des ressources, implique que chaque allié apporte des actifs uniques que les autres ne possèdent pas : expertise technique, réseau relationnel, légitimité institutionnelle, capacité financière, ou influence politique. Cette complémentarité crée une interdépendance positive où la réussite de chacun dépend de la contribution des autres.

Le second pilier, la convergence des objectifs, ne nécessite pas que les alliés poursuivent des buts identiques, mais qu'ils puissent atteindre leurs objectifs respectifs par une démarche commune. Cette convergence peut être temporaire et limitée à un projet spécifique, mais elle doit être suffisamment claire et mesurable pour justifier l'investissement de chaque partie dans l'alliance.

Le troisième pilier, l'équilibre des contributions et des rétributions, garantit qu'aucune partie ne supporte une charge disproportionnée par rapport aux bénéfices qu'elle retire de l'alliance. Cet équilibre ne doit pas nécessairement être parfait à tout moment, mais il doit être perçu comme équitable sur la durée de l'alliance.

## Pourquoi l'amitié constitue un fondement fragile pour les alliances

L'erreur stratégique la plus répandue dans le monde de l'entreprise consiste à confondre collaboration efficace et relations amicales. Cette confusion conduit à des alliances fondées sur la sympathie personnelle, la confiance intuitive ou l'harmonie relationnelle, qui se révèlent systématiquement vulnérables aux pressions externes et aux évolutions de contexte.

L'amitié, par sa nature même, introduit des facteurs émotionnels incontrôlables dans la relation d'alliance. Les déceptions personnelles, les malentendus relationnels ou les changements d'humeur peuvent compromettre des projets stratégiques majeurs. Plus problématique encore, l'amitié crée des attentes non formulées et des obligations morales floues qui compliquent la négociation claire des termes de l'alliance.

L'amitié génère également des biais cognitifs dangereux pour la prise de décision stratégique. Elle encourage la complaisance mutuelle, réduit l'esprit critique nécessaire à l'évaluation objective des performances, et crée des loyautés aveugles qui empêchent l'adaptation aux évolutions du contexte. Les alliés "amis" hésitent à se remettre en question mutuellement, à exiger des comptes rigoureux, ou à réajuster les termes de leur collaboration lorsque les circonstances l'exigent.

## La supériorité stratégique de l'alliance d'intérêts

L'alliance fondée sur l'intérêt mutuel présente des avantages structurels décisifs pour la stratégie d'entreprise. Elle repose sur des bases objectives et mesurables : contributions quantifiables, bénéfices évaluables, et critères de succès clairement définis. Cette objectivité facilite le suivi de la performance de l'alliance, l'identification rapide des dysfonctionnements, et l'ajustement des modalités de collaboration.

L'alliance d'intérêts permet une négociation explicite et transparente des termes de la collaboration. Chaque partie peut exprimer clairement ses attentes, ses contraintes et ses exigences sans craindre de blesser les sentiments ou de compromettre une relation personnelle. Cette transparence réduit considérablement les risques de malentendus et de déceptions qui empoisonnent tant d'alliances "amicales".

L'alliance d'intérêts facilite également l'évolution et l'adaptation de la collaboration. Lorsque les circonstances changent, les objectifs évoluent, ou les contributions se modifient, les partenaires peuvent renégocier les termes de leur alliance en se concentrant sur les aspects factuels et stratégiques plutôt que sur les dimensions émotionnelles.

**L'application au contexte français contemporain**

Dans l'environnement économique actuel, caractérisé par la mondialisation des marchés, l'accélération de l'innovation et l'intensification de la concurrence internationale, la capacité à forger rapidement des alliances stratégiques efficaces devient un avantage concurrentiel déterminant. Les entreprises françaises qui maîtrisent l'art des alliances d'intérêts démontrent une agilité remarquable face aux disruptions sectorielles et aux opportunités émergentes.

Les grands groupes français excellents dans cette discipline illustrent parfaitement le principe machiavélien. Prenons l'exemple des alliances entre constructeurs automobiles français et leurs concurrents européens pour développer des plateformes technologiques communes. Ces collaborations ne reposent pas sur des affinités culturelles ou des sympathies entre dirigeants, mais sur le calcul rigoureux des bénéfices partagés : mutualisation des coûts de recherche et développement, accélération du time-to-market, et partage des risques technologiques.

**La redéfinition de votre rôle de leader**

Cette approche machiavélienne transforme radicalement la conception du leadership en entreprise. Votre mission en tant que dirigeant n'est pas de vous faire aimer ou d'entretenir des relations harmonieuses avec vos pairs, vos supérieurs ou vos partenaires. Votre mission consiste à identifier avec précision les intérêts de chaque acteur clé de votre écosystème et à concevoir des propositions d'alliance qui permettent à chacun d'atteindre ses objectifs tout en servant vos propres intérêts stratégiques.

Cette redéfinition libère votre énergie des contraintes relationnelles improductives et vous permet de vous concentrer sur l'essentiel : la création de valeur mutuelle. Elle vous autorise à collaborer efficacement avec des personnes que vous n'appréciez pas particulièrement sur le plan personnel, mais dont l'expertise, les ressources ou l'influence peuvent contribuer significativement à vos objectifs. Cette approche vous permet également de maintenir des alliances productives même lorsque les relations personnelles se dégradent. Les tensions interpersonnelles, inévitables dans tout environnement compétitif, ne compromettent plus automatiquement la collaboration stratégique si celle-ci repose sur des fondations solides d'intérêts partagés.

**Les modèles mentaux pour maîtriser ce principe**

Pour intégrer efficacement ce principe dans votre pratique quotidienne, développez ces modèles mentaux structurants. Pensez à chaque alliance potentielle comme à un contrat d'investissement mutuel où chaque partie apporte des ressources spécifiques en échange de bénéfices clairement définis. Cette métaphore financière vous aide à maintenir une approche objective et rationnelle.

Visualisez vos alliances comme des équations mathématiques où la valeur créée ensemble doit dépasser la somme des investissements individuels. Cette perspective quantitative facilite l'évaluation de la pertinence et de la performance de vos collaborations stratégiques.

Concevez vos relations d'alliance comme des partenariats professionnels temporaires et spécifiques, similaires aux joint-ventures ou aux consortiums industriels, plutôt que comme des amitiés durables et globales. Cette approche vous libère des attentes émotionnelles et vous permet de vous concentrer sur les résultats concrets.

Maîtriser ce principe fondamental des alliances d'intérêts vous confère un avantage stratégique considérable dans l'environnement concurrentiel français contemporain. Vous développez une capacité unique à transformer des rivaux potentiels en alliés temporaires, à construire rapidement des coalitions gagnantes, et à naviguer avec efficacité la complexité des jeux d'influence organisationnels.

## 2.1.2 LA MÉTHODE POUR IDENTIFIER ET ARTICULER UNE PROPOSITION DE VALEUR COMMUNE IRRÉSISTIBLE

Maintenant que vous comprenez la supériorité des alliances fondées sur l'intérêt mutuel, nous devons vous équiper d'une méthodologie concrète et systématique pour concevoir des propositions d'alliance irrésistibles. Cette méthode en trois étapes transformera votre approche des coalitions stratégiques et vous permettra de construire des alliances durables avec des partenaires que vous n'auriez jamais imaginé pouvoir rallier à votre cause.

### Étape 1 : Analyser en profondeur les objectifs et contraintes de l'allié potentiel

La première phase de votre démarche stratégique consiste à développer une compréhension exhaustive et nuancée de la situation de votre allié potentiel. Cette analyse dépasse largement l'identification superficielle de ses besoins apparents pour plonger dans la complexité de ses motivations profondes, de ses contraintes cachées et de ses aspirations stratégiques.

1. **Cartographiez ses objectifs stratégiques prioritaires**
   - Identifiez ses trois principaux défis organisationnels actuels
   - Analysez ses indicateurs de performance clés et ses objectifs quantifiés
   - Évaluez ses ambitions de développement à moyen terme
   - Comprenez ses enjeux de positionnement concurrentiel

2. **Décryptez ses contraintes opérationnelles réelles**
   - Analysez ses limitations budgétaires et financières
   - Identifiez ses goulots d'étranglement en termes de ressources humaines
   - Évaluez ses contraintes techniques et technologiques
   - Comprenez ses obligations réglementaires et administratives

3. **Explorez ses motivations personnelles et politiques**
   - Analysez les enjeux de carrière et de réputation de votre interlocuteur
   - Identifiez ses relations de pouvoir internes et ses alliances existantes
   - Comprenez ses priorités personnelles et ses critères de succès
   - Évaluez ses craintes et ses sources potentielles de résistance

Cette analyse approfondie vous permettra de comprendre non seulement ce que votre allié potentiel veut obtenir, mais aussi ce qu'il craint de perdre, ce qui le motive réellement, et quelles sont les véritables barrières à sa décision de s'allier avec vous.

**Techniques de collecte d'informations stratégiques :**

- **Observation directe :** Analysez ses communications publiques, ses prises de position, et ses choix stratégiques récents
- **Investigation relationnelle :** Exploitez votre réseau pour obtenir des informations de sources tierces fiables
- **Analyse documentaire :** Étudiez ses rapports d'activité, communiqués de presse, et publications sectorielles
- **Écoute active :** Posez des questions ouvertes lors de vos interactions pour révéler ses préoccupations authentiques

### Étape 2 : Identifier le point de convergence stratégique optimal

La deuxième phase consiste à identifier avec précision le terrain de rencontre où vos intérêts et ceux de votre allié potentiel s'alignent de manière synergique. Cette convergence doit créer une valeur supplémentaire significative pour chaque partie, transformant une collaboration potentielle en nécessité stratégique évidente.

1. **Analysez vos ressources et capacités complémentaires**

    - Identifiez les actifs uniques que vous pouvez apporter
    - Évaluez les ressources que votre allié potentiel possède et dont vous avez besoin
    - Analysez les synergies potentielles entre vos expertises respectives
    - Identifiez les économies d'échelle et les gains d'efficacité possibles

2. **Définissez la zone d'intérêt mutuel optimal**

    - Identifier les projets ou objectifs où vos forces se complètent parfaitement

- Analysez les domaines où une collaboration réduirait significativement les risques pour chacun
- Évaluez les opportunités où l'union de vos capacités créerait un avantage concurrentiel décisif
- Identifiez les contextes où vos réseaux respectifs se renforcent mutuellement

3. **Quantifiez la valeur créée par l'alliance**

    - Calculez les bénéfices tangibles pour chaque partie (économies, revenus additionnels, gains de temps)
    - Évaluez les bénéfices intangibles (réputation, accès à de nouveaux marchés, apprentissage)
    - Analysez les risques évités grâce à la collaboration
    - Estimez les coûts d'opportunité de ne pas s'allier

Cette phase d'analyse vous permettra de construire un argumentaire solide démontrant que l'alliance n'est pas seulement souhaitable, mais stratégiquement indispensable pour maximiser les chances de succès de chaque partie.

**Outils d'analyse de convergence :**

- **Matrice des bénéfices croisés :** Tableau comparatif des gains de chaque partie selon différents scénarios de collaboration
- **Analyse des scénarios :** Évaluation comparative des résultats avec et sans alliance
- **Cartographie des synergies :** Visualisation des zones de complémentarité optimale
- **Calcul du retour sur alliance :** Quantification du ratio bénéfices/investissement pour chaque partenaire

**Étape 3 : Formuler une offre d'alliance irrésistible**

La troisième phase transforme votre analyse en proposition concrète structurée comme une opportunité d'investissement mutuellement bénéfique plutôt que comme une demande d'assistance. Cette formulation stratégique positionne votre interlocuteur comme un partenaire égal participant à une venture commune plutôt que comme un donateur potentiel.

1. **Structurez votre proposition selon le principe de réciprocité équitable**

    - Présentez clairement ce que vous apportez à l'alliance
    - Définissez précisément ce que vous attendez de votre partenaire
    - Équilibrez les contributions et les bénéfices de manière visible
    - Intégrez des mécanismes de rééquilibrage si nécessaire

2. **Formulez l'opportunité en termes de gains partagés**

    - Commencez par énoncer l'objectif commun que vous souhaitez atteindre ensemble
    - Décrivez la situation gagnant-gagnant créée par l'alliance
    - Quantifiez les bénéfices spécifiques pour votre interlocuteur
    - Présentez l'alliance comme une évidence stratégique

3. **Anticipez et traitez les objections potentielles**

    - Identifiez les principales réticences possibles de votre interlocuteur
    - Préparez des arguments et des preuves pour chaque objection anticipée
    - Proposez des solutions aux contraintes identifiées lors de votre analyse
    - Offrez des garanties ou des mécanismes de sortie pour rassurer votre partenaire

**Structure de présentation optimale :**

1. **Ouverture stratégique** : "Nous avons identifié une opportunité qui pourrait transformer nos résultats respectifs..."
2. **Diagnostic partagé** : "Nous faisons face aux mêmes défis dans des domaines complémentaires..."
3. **Vision de l'alliance** : "En combinant vos forces dans [domaine X] avec notre expertise en [domaine Y]..."
4. **Bénéfices quantifiés** : "Cette collaboration vous permettrait d'atteindre [objectif spécifique] tout en nous aidant à..."
5. **Modalités concrètes** : "Voici comment nous proposons de structurer cette collaboration..."
6. **Prochaines étapes** : "Nous suggérons de commencer par [action pilote] pour valider cette approche..."

**Exemple d'application : L'alliance entre un directeur marketing et un directeur commercial**

Considérons le cas d'un directeur marketing, appelons-le François, qui souhaite s'allier avec la directrice commerciale, Marie, pour lancer une nouvelle approche de prospection digitale.

**Étape 1 - Analyse :** François découvre que Marie fait face à une pression croissante pour améliorer le taux de conversion de ses équipes, que ses commerciaux peinent à identifier les prospects les plus qualifiés, et qu'elle craint de perdre des parts de marché face à des concurrents plus agiles sur le digital.

**Étape 2 - Convergence :** François identifie que ses outils de marketing automation peuvent considérablement améliorer la qualification des leads, tandis que les retours terrain de Marie peuvent optimiser ses campagnes. L'alliance permettrait d'augmenter de 40% la productivité commerciale tout en réduisant de 30% le coût d'acquisition client.

**Étape 3 - Proposition :** François présente l'opportunité ainsi : "Marie, nous avons l'occasion de révolutionner notre approche client en combinant tes insights terrain avec mes données comportementales. Cette collaboration pourrait t'aider à dépasser tes objectifs de conversion tout en me permettant d'optimiser mes campagnes. Concrètement, je propose que nous partagions nos données clients pour créer des profils prospects ultra-qualifiés que tes équipes pourront convertir plus efficacement."

Cette méthodologie systématique transforme la construction d'alliances d'un art intuitif en science stratégique reproductible. En maîtrisant ces trois étapes, vous développez une capacité unique à identifier, concevoir et proposer des alliances qui s'imposent naturellement à vos interlocuteurs comme des opportunités incontournables plutôt que comme des faveurs demandées.

## 2.2 La Diplomatie d'Influence Proactive

### 2.2.1 L'art de neutraliser les adversaires en les isolant ou en les ralliant

Florence, 1512. Nicolas Machiavel, secrétaire de la République florentine, fait face à une menace imminente qui pourrait détruire sa carrière et compromettre l'indépendance de sa cité. Les Médicis, soutenus par les troupes espagnoles, s'apprêtent à reprendre le pouvoir et à restaurer leur principauté. Pier Soderini, le gonfalonier à vie, hésite entre la résistance armée et la négociation. Machiavel, lui, observe attentivement un adversaire potentiel encore plus dangereux que les Médicis : Francesco Vettori, ambassadeur florentin auprès du pape et ami d'enfance devenu rival politique.

Vettori, noble de naissance et diplomate habile, représente une faction aristocratique hostile aux idées républicaines de Machiavel. Plus inquiétant encore, il entretient des relations privilégiées avec Giovanni de Médicis, le futur pape Léon X. Machiavel comprend immédiatement que Vettori pourrait devenir l'architecte de sa chute politique une fois les Médicis restaurés. Un adversaire intelligent, influent, et idéalement positionné pour nuire à ses ambitions futures.

Au lieu d'attendre que cette opposition se cristallise, Machiavel déploie une stratégie de diplomatie préventive d'une subtilité remarquable. Plutôt que d'affronter directement Vettori ou de tenter de le discréditer, il choisit une approche contre-intuitive : il va le rallier en lui offrant précisément ce que son rival désire le plus, la reconnaissance intellectuelle et l'amitié d'un penseur respecté.

Machiavel entame une correspondance sophistiquée avec Vettori, mêlant confidences personnelles et analyses politiques brillantes. Dans ses lettres, il ne se présente pas comme un concurrent, mais comme un ami sincère partageant ses réflexions les plus profondes sur l'art de gouverner. Il flatte subtilement l'intelligence de Vettori, sollicite ses conseils, et lui confie ses doutes sur l'évolution politique de Florence. Cette stratégie épistolaire transforme progressivement un rival potentiel en confident privilégié.

L'intelligence de cette manœuvre réside dans sa triple efficacité. Premièrement, elle neutralise la menace que représente Vettori en le transformant d'ennemi potentiel en allié personnel. Deuxièmement, elle permet à Machiavel d'obtenir des informations précieuses sur les intentions des Médicis grâce aux confidences de son nouveau correspondant. Troisièmement, elle établit un canal de communication direct avec les nouveaux maîtres de Florence par l'intermédiaire d'un homme de confiance.

Cette correspondance, qui nous est parvenue intacte, révèle la naissance de l'une des amitiés intellectuelles les plus fécondes de la Renaissance. Mais elle illustre surtout l'efficacité redoutable de la diplomatie préventive lorsqu'elle est conduite avec méthode et psychologie. Machiavel a neutralisé une opposition avant qu'elle ne s'exprime, en offrant à son adversaire potentiel exactement ce qu'il recherchait : la reconnaissance et l'estime d'un pair intellectuel.

**L'application moderne : le cas du directeur général et du syndicat**

Cette leçon historique trouve une application directe dans l'environnement managérial français contemporain. Lors d'une mission auprès d'une grande entreprise du secteur de l'énergie confrontée à une restructuration majeure, nous avons observé une stratégie similaire déployée par un directeur général particulièrement habile.

Face à l'annonce d'un plan de transformation digitale impliquant la suppression de plusieurs centaines d'emplois administratifs, le dirigeant anticipait une opposition frontale du principal syndicat de l'entreprise, dirigé par un délégué syndical expérimenté nommé Michel. Ce dernier, élu depuis quinze ans et respecté par l'ensemble du personnel, disposait d'une légitimité considérable et d'une capacité de mobilisation redoutable. Sa réputation de négociateur intransigeant et sa connaissance parfaite des rouages juridiques en faisaient un adversaire potentiellement dévastateur pour le projet.

Plutôt que d'attendre la confrontation inévitable ou de tenter de contourner le représentant syndical, le directeur général choisit une approche préventive remarquablement subtile. Il demanda à rencontrer Michel en tête-à-tête, non pas pour négocier les termes de la restructuration, mais pour solliciter son expertise sur les enjeux sociaux de la transformation digitale.

Lors de cette rencontre, le dirigeant présenta à Michel une analyse prospective des évolutions technologiques du secteur énergétique et de leurs implications sur l'emploi. Il exprima ses inquiétudes sincères concernant l'avenir professionnel des salariés et reconnut explicitement l'expertise sociale unique du délégué syndical. Plus habilement encore, il proposa à Michel de copiloter un groupe de travail sur l'accompagnement des transitions professionnelles, lui offrant ainsi un rôle de co-architecte de la solution plutôt que de simple opposant.

Cette proposition transformait radicalement la dynamique relationnelle. Michel, habitué aux rapports de force traditionnels, se trouvait soudain investi d'une responsabilité constructive et reconnu comme un expert légitime. Le directeur général avait identifié avec précision ce que recherchait son adversaire potentiel : non pas simplement défendre les acquis, mais contribuer activement à façonner l'avenir social de l'entreprise.

Les résultats de cette manœuvre diplomatique dépassèrent les espérances les plus optimistes. Michel accepta non seulement de participer au groupe de travail, mais devint progressivement l'un des plus ardents défenseurs du plan de transformation, qu'il contribua à enrichir de mesures d'accompagnement innovantes. Sa légitimité syndicale servit ensuite à convaincre les équipes de la nécessité du changement et à faciliter l'acceptation des nouvelles organisations.

**Les mécanismes de la neutralisation préventive**

Cette stratégie de ralliement préventif repose sur quatre mécanismes psychologiques et politiques fondamentaux que vous devez maîtriser pour l'appliquer efficacement dans votre environnement professionnel.

Le premier mécanisme, l'anticipation des motivations profondes, nécessite une analyse fine des véritables aspirations de votre adversaire potentiel. Michel ne cherchait pas seulement à défendre les emplois existants, mais à exercer une influence positive sur l'évolution de son entreprise. En identifiant cette aspiration, le directeur général a pu concevoir une offre parfaitement adaptée.

Le second mécanisme, la transformation du cadre de référence, consiste à redéfinir la relation conflictuelle potentielle en partenariat constructif. Au lieu de positionner Michel comme un obstacle au changement, le dirigeant l'a repositionné comme un expert contributeur. Cette redéfinition change fondamentalement la nature de l'interaction.

Le troisième mécanisme, l'investissement personnel dans la solution, crée un engagement psychologique fort chez l'ancien adversaire. En invitant Michel à co-construire la réponse aux défis sociaux, le directeur général s'est assuré que le représentant syndical défendrait ensuite une solution qu'il avait lui-même contribué à élaborer.

Le quatrième mécanisme, l'utilisation de la légitimité acquise, transforme la crédibilité de l'ancien opposant en force de conviction pour votre projet. La réputation et l'influence de Michel ont servi les intérêts de la transformation plutôt que de s'y opposer.

**La subtilité de l'anticipation stratégique**

L'efficacité de cette approche réside dans son caractère préventif et sa subtilité d'exécution. Contrairement aux stratégies défensives classiques qui consistent à réagir aux oppositions une fois qu'elles se sont cristallisées, la diplomatie d'influence proactive intervient en amont pour empêcher leur émergence ou pour les transformer en soutiens.

Cette anticipation nécessite une intelligence politique développée et une capacité d'analyse psychologique fine. Vous devez identifier les adversaires potentiels avant qu'ils ne deviennent des opposants actifs, comprendre leurs motivations authentiques au-delà de leurs positions affichées, et concevoir des propositions qui satisfont leurs besoins profonds tout en servant vos objectifs stratégiques.

La subtilité réside dans la capacité à présenter cette démarche non pas comme une manœuvre de manipulation, mais comme une reconnaissance sincère de l'expertise et de la légitimité de votre interlocuteur. Michel a accepté la proposition du directeur général précisément parce qu'elle correspondait à ses aspirations authentiques de contribution positive.

Dans l'économie française contemporaine, marquée par des transformations permanentes et des restructurations fréquentes, cette capacité à neutraliser préventivement les oppositions potentielles devient un atout concurrentiel déterminant. Les dirigeants qui maîtrisent cet art de la diplomatie anticipatrice évitent les conflits destructeurs, accélèrent l'acceptation du changement, et transforment leurs adversaires potentiels en ambassadeurs de leurs projets.

L'exemple de Machiavel et de Vettori, comme celui du directeur général et de Michel, démontre qu'il existe toujours une alternative à la confrontation directe : l'intelligence relationnelle qui transforme la rivalité en alliance stratégique.

## 2.2.2 Transformer un "non" catégorique en un "peut-être" négociable

Confronté à un refus catégorique, le dirigeant amateur abandonne ou force le passage. Le stratège machiavélien, lui, reconnaît dans ce "non" le point de départ d'une négociation sophistiquée. Les techniques que nous vous présentons transforment les positions les plus rigides en opportunités de dialogue constructif.

**Technique 1 : La reformulation stratégique du problème**

La première arme de votre arsenal diplomatique consiste à redéfinir complètement les termes du débat. Cette technique repose sur le principe machiavélien selon lequel la perception de la réalité compte souvent plus que la réalité elle-même.

1. **Identifiez les véritables enjeux cachés derrière le refus**
    - Analysez les motivations profondes de votre interlocuteur au-delà de ses arguments de surface
    - Posez des questions ouvertes pour comprendre ses craintes réelles
    - Distinguez entre ses objections rationnelles et ses résistances émotionnelles
    - Identifiez les pressions externes qui peuvent influencer sa position
2. **Reformulez votre demande en termes de bénéfices pour votre interlocuteur**
    - Transformez votre proposition initiale en solution à un problème qu'il rencontre
    - Utilisez son vocabulaire et ses références pour présenter votre idée
    - Reliez votre demande à ses objectifs personnels ou professionnels
    - Présentez la collaboration comme un moyen d'atteindre ses propres ambitions
3. **Changez l'angle d'approche temporal**

- Si votre proposition est refusée pour des raisons d'urgence, proposez un calendrier adapté
- Transformez une demande immédiate en projet pilote ou test limité
- Présentez votre initiative comme une préparation à des enjeux futurs
- Proposez une approche progressive plutôt qu'un engagement total

**Application pratique :** Lors d'une mission auprès d'un groupe industriel français, un directeur des ressources humaines se heurtait au refus catégorique du directeur informatique de partager certaines données pour un projet de réorganisation. Plutôt que d'insister sur les bénéfices organisationnels, il reformula sa demande : "Comment pouvons-nous vous aider à démontrer la valeur stratégique de vos équipes grâce à une meilleure visibilité de leur contribution aux projets transversaux ?" Cette reformulation transforma un refus de collaboration en demande d'aide pour valoriser le département informatique.

### Technique 2 : Le recadrage de la discussion

Cette technique consiste à déplacer le débat sur un terrain plus favorable en modifiant le contexte, les participants ou les critères d'évaluation de votre proposition.

1. **Élargissez le scope de la discussion**

    - Connectez votre demande à des enjeux stratégiques plus larges
    - Montrez comment votre proposition s'inscrit dans les grands défis de l'organisation
    - Reliez votre initiative aux priorités du comité de direction
    - Présentez votre projet comme un élément d'une démarche globale

2. **Introduisez de nouveaux critères d'évaluation**

    - Proposez des métriques alternatives pour mesurer le succès
    - Incluez des bénéfices à long terme ignorés dans l'évaluation initiale
    - Introduisez des considérations de risque ou d'opportunité manquées
    - Valorisez les aspects qualitatifs autant que quantitatifs

3. **Modifiez la temporalité de l'évaluation**

    - Proposez une période d'évaluation différente (plus courte pour un test, plus longue pour les bénéfices)
    - Segmentez votre proposition en phases avec des points de validation
    - Intégrez des clauses de révision et d'ajustement
    - Présentez des scénarios multiples selon différents horizons temporels

### Technique 3 : L'introduction d'alliés stratégiques

Machiavel enseignait que l'isolement affaiblit toute position. Cette technique consiste à modifier l'équilibre des forces en introduisant de nouveaux acteurs dans l'équation.

1. **Identifiez les influenceurs pertinents**

    - Cartographiez les personnes dont l'opinion compte pour votre interlocuteur
    - Identifiez les experts reconnus dans le domaine concerné
    - Repérez les collègues qui ont déjà expérimenté des approches similaires
    - Trouvez des clients ou partenaires externes qui peuvent témoigner

2. **Orchestrez des interventions indirectes**

- Organisez des présentations par des tiers crédibles
- Facilitez des échanges informels entre votre interlocuteur et vos alliés
- Partagez des témoignages et retours d'expérience pertinents
- Créez des occasions de benchmarking avec d'autres organisations

3. **Construisez une coalition de soutien**

    - Ralliez d'autres départements ou services à votre cause
    - Obtenez l'appui de la hiérarchie ou des pairs de votre interlocuteur
    - Mobilisez les équipes opérationnelles qui bénéficieraient de votre proposition
    - Créez un momentum favorable en multipliant les soutiens

**Application pratique :** Un directeur marketing d'une entreprise de services B2B se heurtait au refus du directeur commercial d'adopter un nouveau système de lead scoring. Au lieu d'insister, il organisa une visite chez un client commun qui utilisait un système similaire. Lors de cette visite, le client témoigna spontanément des bénéfices obtenus. Il invita également le directeur commercial à participer à un petit-déjeuner sectoriel où d'autres directeurs commerciaux partageaient leurs expériences. Ces interventions indirectes transformèrent progressivement sa résistance en curiosité.

**Technique 4 : La stratégie des concessions asymétriques**

Cette technique avancée consiste à proposer des concessions sur des aspects secondaires pour obtenir un accord sur l'essentiel, en créant une dynamique d'échange équitable.

1. **Identifiez vos variables d'ajustement**

- Listez tous les aspects négociables de votre proposition
- Classez-les selon leur importance stratégique pour vous
- Identifiez ceux qui ont une valeur élevée pour votre interlocuteur mais un coût faible pour vous
- Préparez plusieurs scénarios de concessions possibles

2. **Proposez des échanges créatifs**

    - Offrez de prendre en charge des aspects qui préoccupent votre interlocuteur
    - Proposez des garanties ou des engagements personnels sur les résultats
    - Acceptez des conditions de mise en œuvre qui facilitent son acceptation
    - Intégrez des mécanismes de sortie ou de révision qui le rassurent

3. **Utilisez la technique du "oui conditionnel"**

    - Formulez des propositions du type "Si nous adaptons X, accepteriez-vous Y ?"
    - Créez des packages incluant des bénéfices additionnels
    - Proposez des contreparties qui valorisent votre interlocuteur
    - Négociez des modalités plutôt que le principe même

**Technique 5 : La gestion du processus de décision**

Cette technique finale consiste à influencer non seulement le contenu de la décision, mais aussi la manière dont elle est prise.

1. **Proposez une nouvelle méthode d'évaluation**

    - Suggérez la création d'un groupe de travail mixte
    - Proposez une période d'expérimentation limitée

- Demandez l'organisation d'une présentation formelle avec préparation commune
   - Sollicitez l'avis d'experts externes neutres

2. **Modifiez le calendrier de décision**

   - Proposez de reporter la décision avec des éléments d'analyse supplémentaires
   - Suggérez une décision en deux temps (principe puis modalités)
   - Intégrez des étapes de validation progressive
   - Créez des échéances intermédiaires qui maintiennent le dialogue

3. **Changez les interlocuteurs décisionnaires**

   - Proposez d'impliquer la hiérarchie ou des pairs dans la réflexion
   - Suggérez une présentation aux équipes opérationnelles concernées
   - Demandez l'arbitrage d'une instance collective
   - Créez un comité de pilotage incluant votre interlocuteur

L'efficacité de ces techniques repose sur leur utilisation combinée et progressive. Commencez toujours par la reformulation du problème pour comprendre les véritables enjeux. Puis, selon la nature de la résistance rencontrée, activez les autres leviers : recadrage de la discussion, introduction d'alliés, concessions asymétriques, et modification du processus de décision.

La maîtrise de ces tactiques transforme votre approche de la négociation d'influence. Vous passez d'une logique de confrontation à une stratégie de séduction intellectuelle, où chaque "non" devient l'opportunité d'approfondir votre compréhension de votre interlocuteur et d'affiner votre proposition. Cette transformation de la résistance en collaboration constitue l'essence même de la diplomatie machiavélienne appliquée au management contemporain.

# 3. Manier le Conflit : L'Art de la Confrontation Calculée

Automne 1962. Charles de Gaulle fait face à la plus grave crise de son mandat présidentiel. L'Organisation de l'armée secrète multiplie les attentats, une partie de l'opinion publique conteste sa politique algérienne, et ses propres ministres murmurent dans les couloirs de l'Élysée. La situation exige une décision : temporiser pour préserver un consensus fragile ou affronter directement l'opposition pour clarifier définitivement les positions. De Gaulle choisit la confrontation calculée.

Le 20 septembre 1962, il annonce un référendum sur l'élection du président de la République au suffrage universel direct. Cette décision provoque un tollé politique immédiat. L'Assemblée nationale vote une motion de censure, les partis politiques traditionnels s'unissent contre lui, ses propres alliés l'accusent de dérive autoritaire. Le général aurait pu reculer, négocier, chercher un compromis. Au lieu de cela, il dissout l'Assemblée et appelle les Français à trancher.

Cette confrontation délibérée transforme une crise institutionnelle diffuse en choix clair pour les citoyens. Le référendum remporte 62% des suffrages, les élections législatives qui suivent donnent une majorité écrasante aux gaullistes. En acceptant le conflit plutôt qu'en l'évitant, de Gaulle clarifie durablement le paysage politique français, réaffirme son autorité, et unit ses partisans autour d'un projet institutionnel cohérent.

Cette maîtrise stratégique du conflit illustre une vérité fondamentale que nos formations managériales modernes peinent à enseigner : le conflit, loin d'être un échec de leadership, constitue souvent l'instrument le plus puissant pour cristalliser une vision, révéler les véritables alliances, et transformer une situation ambiguë en avantage stratégique durable.

**Le paradoxe du management contemporain face au conflit**

Notre époque managériale cultive une illusion dangereuse : celle que l'harmonie constitue l'état naturel et souhaitable des organisations. Les formations en leadership prônent la collaboration, la recherche de consensus, et l'évitement des tensions. Cette philosophie, héritée des mouvements de développement personnel et des théories organisationnelles humanistes, transforme le conflit en symptôme pathologique qu'il faut soigner plutôt qu'en outil stratégique qu'il faut manier.

Cette approche produit des dirigeants paralysés par la peur de déplaire, incapables de trancher dans les débats stériles, et contraints de gérer leurs organisations par compromis perpétuels qui satisfont peu et n'orientent personne vers un objectif clair. Ils deviennent des facilitateurs plutôt que des leaders, des médiateurs plutôt que des décideurs, des gardiens de la paix plutôt que des architectes du changement.

L'observation des entreprises françaises révèle les conséquences désastreuses de cette philosophie. Les projets de transformation s'enlisent dans des consultations infinies, les restructurations nécessaires sont reportées jusqu'à devenir des urgences critiques, les équipes dirigeantes épuisent leur énergie dans des négociations interminables qui accouchent de solutions bancales satisfaisant les apparences mais réglant aucun problème de fond.

**La leçon machiavélienne : le conflit comme révélateur et catalyseur**

Machiavel, observateur lucide des dynamiques de pouvoir, enseigne une vérité que cinq siècles d'évolution n'ont pas périmée : le conflit constitue le moyen le plus efficace de révéler les véritables rapports de force, de clarifier les positions réelles des acteurs, et de créer les conditions d'une action décisive. Dans *Le Prince*, il explique que les tensions latentes, laissées à elles-mêmes, s'enveniment et deviennent incontrôlables, tandis que les conflits assumés et maîtrisés permettent de résoudre durablement les problèmes structurels. Cette analyse s'applique parfaitement aux organisations modernes. Les entreprises qui prospèrent dans l'économie française contemporaine démontrent une capacité remarquable à utiliser le conflit comme instrument de clarification stratégique. Elles n'évitent pas les débats difficiles, elles les organisent. Elles ne redoutent pas les oppositions, elles les structurent. Elles ne subissent pas les tensions, elles les orientent vers des résolutions productives.

Un directeur général d'une société de conseil en transformation digitale illustre parfaitement cette approche. Confronté à une résistance sourde de ses équipes face à l'adoption d'une nouvelle méthodologie de gestion de projet, il aurait pu multiplier les réunions de sensibilisation, organiser des formations progressives, ou attendre que la résistance s'estompe naturellement. Au lieu de cela, il choisit la confrontation constructive. Lors d'une réunion générale, il présente publiquement deux scénarios détaillés : l'adoption immédiate de la nouvelle méthodologie avec formation intensive des équipes, ou le maintien des pratiques actuelles avec présentation claire des conséquences sur la compétitivité de l'entreprise. Il impose un choix collectif dans un délai de quinze jours, avec vote des équipes et engagement individuel des managers sur les objectifs correspondants.

Cette approche transforme une résistance passive et destructrice en débat ouvert et productif. Les équipes, contraintes de choisir explicitement, débattent des enjeux réels plutôt que de ruminer des craintes informulées. Les opposants doivent argumenter publiquement leurs positions, ce qui révèle que leurs résistances portent plus sur des préoccupations pratiques solvables que sur des oppositions de principe. Le vote final donne 78% d'adhésion à la nouvelle méthodologie, et surtout, ceux qui s'y opposent acceptent la décision majoritaire et s'engagent sur des critères d'évaluation objectifs.

**Les trois fonctions stratégiques du conflit maîtrisé**

L'analyse des situations où le conflit calculé produit des résultats supérieurs à l'évitement révèle trois fonctions stratégiques essentielles que tout dirigeant doit comprendre et savoir activer.

La première fonction, la clarification des positions, transforme les oppositions floues en débats structurés. Les résistances informelles, les critiques de couloir, et les sabotages passifs disparaissent au profit de positions explicites que l'on peut adresser directement. Cette clarification permet d'identifier les opposants véritables, de distinguer les résistances fondées des réticences émotionnelles, et de traiter chaque type d'opposition avec les outils appropriés.

La deuxième fonction, la révélation des alliances réelles, dévoile la cartographie authentique des soutiens et des oppositions au sein de l'organisation. Les situations de conflit obligent chacun à choisir son camp, ce qui fait apparaître des alliances insoupçonnées et révèle des oppositions cachées. Cette cartographie précise permet au dirigeant d'ajuster sa stratégie relationnelle et de construire des coalitions efficaces pour ses projets futurs.

La troisième fonction, la légitimation de l'autorité, établit ou rétablit la crédibilité du leadership par l'épreuve de force. Un dirigeant qui évite systématiquement les conflits perd progressivement sa capacité d'influence, car ses interlocuteurs comprennent qu'ils peuvent s'opposer à ses décisions sans conséquences. À l'inverse, celui qui sait choisir ses combats et les mener jusqu'à la victoire établit une réputation de détermination qui dissuade les oppositions futiles et facilite l'acceptation de ses orientations.

**L'art de choisir ses combats**

La maîtrise stratégique du conflit ne consiste pas à multiplier les confrontations, mais à sélectionner avec discernement les moments et les enjeux où la confrontation produit un avantage décisif. Cette sélectivité transforme chaque conflit assumé en démonstration de leadership plutôt qu'en épreuve de force destructrice.

Les dirigeants expérimentés développent une intuition remarquable pour identifier les conflits nécessaires. Ils reconnaissent les situations où l'évitement perpétue des dysfonctionnements coûteux, où le consensus apparent masque des oppositions profondes, ou où l'inaction laisse s'installer des habitudes préjudiciables à l'organisation. Dans ces contextes, ils préfèrent provoquer une crise contrôlée plutôt que de subir une dégradation progressive.

Un directeur des opérations d'un groupe industriel français applique cette logique avec une efficacité remarquable. Chaque fois qu'un projet important rencontre des résistances diffuses qui ralentissent sa progression, il organise ce qu'il appelle des "réunions de vérité". Il convoque tous les acteurs concernés, présente factuellement les retards accumulés et leurs causes, puis demande à chaque participant de s'engager publiquement sur un planning précis ou d'exprimer explicitement ses réserves.

Cette méthode transforme les résistances passives en débats constructifs. Les opposants doivent formuler clairement leurs objections, ce qui permet de distinguer les problèmes techniques solvables des oppositions politiques qu'il faut traiter différemment. Les partisans du projet, stimulés par cette clarification, s'engagent plus fermement et deviennent des alliés actifs plutôt que des soutiens tièdes.

**La transformation du conflit en cohésion d'équipe**

L'un des effets les plus contre-intuitifs du conflit bien mené réside dans sa capacité à renforcer la cohésion des équipes une fois la confrontation résolue. Cette transformation s'explique par plusieurs mécanismes psychologiques et organisationnels que les dirigeants stratégiques savent exploiter. Le conflit clarifie les règles du jeu et les attentes mutuelles. Une fois les positions exprimées et la décision prise, chacun comprend précisément ce qu'on attend de lui et selon quels critères il sera évalué. Cette clarté élimine les ambiguïtés qui génèrent stress et inefficacité, permettant aux équipes de concentrer leur énergie sur la performance plutôt que sur le déchiffrage des intentions managériales.

Le conflit révèle également la capacité de l'organisation à gérer les désaccords sans destruction mutuelle. Les équipes qui traversent ensemble des épreuves de confrontation constructive développent une confiance plus solide dans leur capacité collective à résoudre les problèmes futurs. Elles apprennent que l'expression des désaccords ne conduit pas à l'exclusion ou à la vengeance, mais à des résolutions qui renforcent l'efficacité commune.

Nous entrons maintenant dans l'exploration détaillée de cet art méconnu : celui de manier le conflit comme un scalpel stratégique, capable de trancher dans les ambiguïtés organisationnelles pour révéler et construire une réalité plus claire, plus efficace, et paradoxalement plus harmonieuse que la paix factice des consensus forcés.

# 3.1 La Maîtrise du Timing et de l'Intensité

## 3.1.1 Le diagnostic pour savoir quand éviter, quand engager et quand désamorcer

La règle d'or du conflit stratégique tient en une maxime que Machiavel formule avec une clarté saisissante : "Il faut savoir reconnaître la nature des troubles et les prendre quand ils commencent." Cette vérité fondamentale transforme le conflit d'une réaction émotionnelle impulsive en calcul stratégique méthodique. Le leader machiavélien ne subit jamais un conflit, il le choisit, le temporise, ou le désamorce selon une évaluation rigoureuse de cinq critères décisifs.

**Le premier critère : l'évaluation du rapport de force réel**

Avant toute confrontation, vous devez mesurer avec précision votre capacité d'influence face à celle de votre adversaire. Cette évaluation dépasse largement la position hiérarchique formelle pour analyser le capital politique réel de chaque protagoniste. Le rapport de force authentique s'articule autour de quatre composantes stratégiques.

La légitimité représente votre capacité à justifier votre position auprès des parties tierces. Un directeur technique qui conteste une décision budgétaire dispose d'une légitimité élevée si cette décision compromet la sécurité des systèmes, mais d'une légitimité faible s'il s'agit uniquement d'un désaccord sur les priorités d'investissement. Cette légitimité détermine votre capacité à mobiliser des soutiens au-delà de votre sphère d'influence directe.

L'expertise mesure votre maîtrise du dossier en question comparée à celle de votre adversaire. Dans les organisations françaises contemporaines, l'expertise technique confère souvent plus d'autorité que le statut hiérarchique, particulièrement dans les secteurs technologiques ou scientifiques. Un ingénieur expert peut défier efficacement un directeur général sur des questions techniques, mais rarement sur des orientations commerciales.

Le réseau d'alliances évalue le nombre et la qualité des soutiens sur lesquels vous pouvez compter. Ces alliances incluent les relations hiérarchiques, les solidarités fonctionnelles, et les affinités personnelles. Un manager isolé, même compétent et légitime, perd généralement face à un adversaire disposant d'un réseau solide. Cette réalité explique pourquoi les conflits organisationnels se transforment souvent en batailles d'alliances plutôt qu'en duels individuels.

Les ressources de pouvoir regroupent votre accès à l'information stratégique, votre contrôle sur des budgets ou des équipes, et votre capacité d'influence sur les décisions futures. Un responsable administratif qui maîtrise les processus internes dispose d'un pouvoir considérable face à des opérationnels brillants mais ignorants des rouages bureaucratiques.

### Le deuxième critère : l'analyse des enjeux en présence

L'importance objective et subjective de l'objet du conflit détermine l'énergie que vous pouvez légitimement y consacrer et les risques que vous êtes prêt à assumer. Cette analyse distingue trois niveaux d'enjeux stratégiques.

Les enjeux existentiels concernent la survie ou la pérennité de votre position, de votre équipe, ou de votre organisation. Face à une réorganisation qui menace votre département, l'évitement devient souvent impossible et la confrontation nécessaire. Ces situations justifient l'engagement de toutes vos ressources et l'acceptation de risques considérables.

Les enjeux de développement portent sur les opportunités de croissance, d'expansion de vos responsabilités, ou d'amélioration de votre position stratégique. Un conflit pour obtenir le leadership d'un projet transversal relève de cette catégorie. Ces situations méritent un engagement proportionné au gain potentiel, mais rarement une guerre totale.

Les enjeux de confort touchent aux conditions de travail, aux préférences personnelles, ou aux questions de forme plutôt que de fond. Un désaccord sur l'organisation d'une réunion ou le choix d'un prestataire mineur appartient à cette catégorie. Ces conflits appellent généralement l'évitement ou la négociation, rarement la confrontation directe.

### Le troisième critère : l'évaluation de vos soutiens disponibles

La solidité et l'étendue de votre base de soutien déterminent votre capacité à soutenir un conflit prolongé et à en sortir victorieux. Cette évaluation examine quatre cercles concentriques de soutiens potentiels.

Le cercle des alliés inconditionnels regroupe les personnes qui vous soutiennent par solidarité personnelle ou par convergence d'intérêts permanente. Ces soutiens restent fidèles même si le conflit tourne mal, mais leur nombre demeure généralement limité. Un directeur commercial peut compter sur la fidélité de ses responsables régionaux, unis par des objectifs communs et des relations construites.

Le cercle des alliés circonstanciels inclut ceux qui partagent votre position sur le dossier spécifique mais ne vous soutiennent pas nécessairement sur d'autres sujets. Ces alliances tactiques peuvent être décisives mais restent fragiles. Si le conflit s'enlise ou change de nature, ces soutiens peuvent disparaître rapidement.

Le cercle des neutres bienveillants comprend les personnes qui ne prennent pas parti mais vous respectent et acceptent votre légitimité à défendre votre position. Leur neutralité peut évoluer vers un soutien si vous démontrez la justesse de votre cause et la mesure de vos moyens.

Le cercle des observateurs critiques regroupe ceux qui jugent votre action selon des critères d'efficacité et de proportionnalité. Leur opinion influence la perception générale du conflit et peut déterminer votre capacité à mobiliser de nouveaux soutiens ou à conserver ceux dont vous disposez.

**Le quatrième critère : l'anticipation des conséquences**

Avant d'engager une confrontation, vous devez évaluer scrupuleusement les conséquences possibles de la victoire, de la défaite, et du statu quo. Cette prospective stratégique examine les impacts à court et long terme sur votre position, vos relations, et votre capacité d'action future.

Les conséquences d'une victoire incluent les bénéfices directs (obtention de ce que vous revendiquiez) et les effets collatéraux (renforcement de votre réputation d'efficacité, dissuasion d'oppositions futures, mais aussi ressentiment des vaincus et méfiance de ceux qui redoutent votre capacité de nuisance). Une victoire trop éclatante peut transformer des neutres en opposants pour l'avenir.

Les conséquences d'une défaite comprennent la perte de l'objet du conflit et l'affaiblissement de votre crédibilité future. Dans les organisations, une défaite publique réduit votre capacité d'influence pour les conflits ultérieurs et encourage vos adversaires potentiels à vous défier. Certaines défaites compromettent durablement votre autorité et votre efficacité managériale.

Les conséquences de l'inaction méritent une attention particulière car elles sont souvent sous-estimées. L'évitement systématique des conflits crée une réputation de faiblesse qui encourage les comportements prédateurs et réduit progressivement votre marge de manœuvre. Un manager qui ne défend jamais ses positions perd la crédibilité nécessaire pour diriger efficacement ses équipes.

**Le cinquième critère : l'évaluation du timing optimal**

Le moment choisi pour engager ou éviter un conflit influence considérablement vos chances de succès. Cette dimension temporelle examine trois facteurs décisifs.

Le contexte organisationnel détermine la réceptivité de votre environnement à votre message. Pendant une période de crise, les dirigeants privilégient la stabilité et découragent les conflits internes. À l'inverse, lors des phases de transformation, ils valorisent les initiatives qui clarifient les situations ambiguës. Un conflit justifié au mauvais moment peut échouer malgré la solidité de votre dossier. L'état des forces en présence évolue constamment selon les succès et échecs récents de chaque protagoniste, les changements dans leur environnement, et l'évolution de leurs alliances. Un adversaire fragilisé par un échec récent offre une cible plus accessible qu'un rival auréolé de succès. Cette réalité explique pourquoi les conflits organisationnels suivent souvent des cycles prévisibles.

Les opportunités tactiques créent des moments privilégiés pour l'action ou l'évitement. Une réorganisation, l'arrivée d'un nouveau dirigeant, ou un événement externe peuvent modifier radicalement l'équilibre des forces et ouvrir des fenêtres d'opportunités temporaires. Le leader stratégique sait identifier et exploiter ces moments favorables.

**L'application pratique : la grille de décision stratégique**

Ces cinq critères s'articulent dans une grille de décision qui transforme l'évaluation intuitive en analyse méthodique. Pour chaque conflit potentiel, vous devez noter votre position sur une échelle de un à cinq pour chaque critère, puis synthétiser ces évaluations selon une logique stratégique simple.

Si la majorité de vos scores dépassent trois, et si au moins un critère atteint cinq (situation critique), la confrontation devient probable. Si tous vos scores restent inférieurs à trois, l'évitement s'impose. Les situations intermédiaires appellent la temporisation ou la négociation indirecte. Cette grille élimine les décisions impulsives basées sur l'émotion ou l'orgueil personnel. Elle vous force à considérer objectivement votre situation avant d'engager des ressources précieuses dans un conflit dont l'issue reste incertaine. Plus important encore, elle vous rappelle que le conflit constitue un outil stratégique parmi d'autres, non une fin en soi.

La maîtrise de cette évaluation stratégique transforme votre approche des tensions organisationnelles. Vous cessez de subir les conflits pour les choisir délibérément, en fonction de critères rationnels qui maximisent vos chances de succès tout en préservant votre capital politique pour les batailles futures vraiment décisives.

### 3.1.2 La leçon du centaure : savoir allier la loi (raison) et la force (détermination)

Dans le chapitre XVIII du *Prince*, Machiavel livre l'une de ses métaphores les plus saisissantes pour décrire l'art du leadership en situation de conflit. Il évoque la figure mythologique du centaure Chiron, créature mi-homme mi-bête, qui servit de précepteur aux héros de l'Antiquité. Cette image puissante révèle une vérité fondamentale que les dirigeants contemporains peinent souvent à saisir : l'efficacité dans le conflit naît de la maîtrise simultanée de la raison humaine et de la détermination animale.

"Puisqu'un prince doit savoir bien user de la bête et de l'homme, écrit Machiavel, il doit, parmi les bêtes, prendre pour modèles le renard et le lion : car le lion ne se défend pas des filets, et le renard ne se défend pas des loups. Il faut donc être renard pour connaître les filets, et lion pour effrayer les loups." Cette dualité, incarnée par le centaure, constitue l'essence même de l'autorité stratégique face à l'adversité.

**Chiron et l'art de la double nature**

La mythologie grecque fait de Chiron le plus sage des centaures, celui qui forma Achille, Jason et tant d'autres héros. Contrairement à ses congénères réputés pour leur violence impulsive, Chiron combine la sagesse rationnelle des hommes et la force instinctive des chevaux. Cette synthèse remarquable en fait le modèle parfait du leader capable d'alterner entre persuasion civilisée et détermination implacable selon les exigences de la situation.

Cette métaphore trouve une illustration saisissante dans l'action de Jules César lors du franchissement du Rubicon en 49 avant J.-C. Face au Sénat romain qui lui ordonne de licencier ses légions et de rentrer à Rome en simple citoyen, César déploie d'abord tous les raffinements de la diplomatie romaine. Il envoie des émissaires, propose des compromis, invoque les précédents juridiques et tente de négocier une solution honorable pour toutes les parties. Cette première phase illustre parfaitement la dimension humaine du centaure : l'usage de la raison, du droit et de la persuasion.

Mais lorsque ces efforts se heurtent à l'intransigeance de ses adversaires politiques, César bascule instantanément vers la dimension animale du centaure. Le 10 janvier 49, il franchit le Rubicon avec ses légions en prononçant les mots historiques "Alea iacta est" (les dés sont jetés). Cette décision manifeste une détermination totale, une capacité à assumer les conséquences les plus extrêmes de ses actes, y compris la guerre civile. César illustre ainsi la leçon essentielle du centaure : savoir passer de la négociation civilisée à l'action décisive sans hésitation ni demi-mesure.

**L'application moderne : l'art de la double approche**

Cette dualité machiavélienne trouve une pertinence remarquable dans les défis managériaux contemporains, où les dirigeants doivent naviguer entre les exigences de la diplomatie interne et les impératifs de l'efficacité opérationnelle. L'observation des entreprises françaises révèle que les leaders les plus efficaces maîtrisent instinctivement cette alternance entre les deux facettes du centaure.

Lors d'une mission auprès d'un groupe industriel confronté à une grève dure dans l'une de ses usines principales, nous avons observé un directeur d'établissement appliquer magistralement cette double approche. Le conflit portait sur la fermeture annoncée d'une ligne de production devenue obsolète, décision qui affectait directement quatre-vingts emplois dans une région déjà fragilisée par la désindustrialisation.

Durant les trois premières semaines du conflit, ce dirigeant incarne parfaitement la dimension humaine du centaure. Il multiplie les réunions avec les représentants syndicaux, présente des analyses économiques détaillées justifiant la nécessité de la fermeture, propose un plan social généreux avec des formations de reconversion et des indemnités supérieures aux obligations légales. Il fait appel à des experts externes pour valider ses analyses, organise des visites d'autres sites industriels ayant réussi leur mutation technologique, et négocie patiemment chaque aspect du plan d'accompagnement. Cette phase révèle tous les raffinements de la raison managériale moderne : respect des procédures de consultation, transparence sur les données économiques, recherche du consensus, prise en compte des préoccupations sociales. Le dirigeant utilise tous les outils de la persuasion rationnelle pour faire accepter une décision difficile mais nécessaire à la survie de l'entreprise.

Mais lorsque ces efforts se heurtent à une radicalisation du mouvement social, avec occupation des locaux et blocage de la production sur d'autres sites du groupe, il bascule instantanément vers la dimension animale du centaure. Sans abandonner le dialogue, il annonce des mesures fermes : décompte systématique des jours de grève, procédures disciplinaires contre les meneurs de l'occupation illégale, et ultimatum clair sur le calendrier de mise en œuvre de la fermeture avec ou sans accord syndical.

### La synchronisation des deux natures

L'efficacité de cette approche réside dans la synchronisation parfaite entre les deux facettes du centaure. La dimension humaine établit la légitimité morale et juridique de l'action, while la dimension animale démontre la détermination nécessaire pour surmonter les résistances. Cette combinaison produit un effet psychologique puissant sur tous les acteurs du conflit.

Du côté des opposants, elle rend difficile la diabolisation du dirigeant. Comment critiquer quelqu'un qui a épuisé toutes les voies de la négociation et du compromis avant de recourir à la fermeté ? Cette légitimité procédurale désarme les critiques et isole les positions les plus extrêmes. La dimension rationnelle du centaure protège sa dimension instinctive des accusations d'arbitraire ou de brutalité.

Du côté des soutiens potentiels, cette dualité rassure et mobilise. Les managers intermédiaires, les actionnaires, les clients et les partenaires perçoivent un leadership capable à la fois de dialogue civilisé et d'action décisive. Cette perception renforce la confiance et facilite la mobilisation des ressources nécessaires pour soutenir le conflit jusqu'à sa résolution.

### Les erreurs de la nature unique

L'histoire managériale française abonde d'exemples de dirigeants qui ont échoué pour avoir privilégié exclusivement l'une des deux facettes du centaure. Ceux qui ne maîtrisent que la dimension humaine sombrent dans l'inefficacité de la négociation permanente, perdant progressivement toute crédibilité auprès de leurs équipes et de leurs adversaires. Leur bienveillance est perçue comme de la faiblesse, leurs concessions comme des victoires partielles encourageant l'escalade des revendications.

À l'inverse, les dirigeants qui ne connaissent que la dimension animale du pouvoir s'isolent rapidement et provoquent des résistances disproportionnées à leurs objectifs. Leur autorité, fondée uniquement sur la contrainte, reste fragile et génère des oppositions souterraines qui resurgissent à la première occasion. Ces leaders brutaux obtiennent parfois des victoires tactiques, mais échouent généralement à construire l'adhésion durable nécessaire aux transformations profondes.

Le directeur d'établissement de notre exemple illustre parfaitement la synthèse efficace. Après six semaines de conflit, il obtient un accord syndical majoritaire sur un plan social enrichi, mais dans le respect du calendrier de fermeture. Sa détermination affichée pendant la phase de durcissement a convaincu les syndicats de la réalité de ses intentions, rendant la négociation finale plus productive. Sa patience initiale a préservé les relations de travail nécessaires à la poursuite de l'activité sur les autres sites.

**La formation du centaure moderne**

La maîtrise de la double nature ne s'improvise pas. Elle nécessite un développement conscient des deux registres de l'autorité, souvent négligés par les formations managériales contemporaines qui privilégient soit la technique relationnelle, soit l'expertise métier, sans intégrer leur articulation stratégique.

La dimension humaine du centaure s'acquiert par l'étude des techniques de négociation, la maîtrise des cadres juridiques et réglementaires, et la compréhension fine des motivations des différents acteurs organisationnels. Elle exige une capacité d'écoute authentique, une aptitude à formuler des propositions créatives, et une patience tactique pour laisser mûrir les positions. Cette face du centaure demande de l'intelligence analytique et de l'empathie stratégique.

La dimension animale nécessite un travail plus personnel sur la détermination, l'acceptation du conflit comme outil de leadership, et la capacité à maintenir ses positions face à la pression psychologique. Elle suppose une clarté absolue sur ses objectifs non négociables, une préparation mentale aux conséquences de ses décisions, et une endurance émotionnelle pour soutenir des tensions prolongées. Cette face du centaure exige du courage moral et de la résilience psychologique.

La véritable maîtrise naît de l'articulation fluide entre ces deux registres, adaptant en permanence son approche à l'évolution de la situation sans perdre de vue l'objectif stratégique final. Le leader centaure sait quand négocier et quand imposer, quand céder sur des points secondaires et quand tenir ferme sur l'essentiel, quand rassurer et quand inquiéter. Cette alternance calculée entre les deux natures transforme le conflit d'épreuve de force brute en instrument de leadership sophistiqué.

## 3.2 Le Principe de "Cruauté Bien Employée"

### 3.2.1 Comprendre l'usage d'actions décisives et brèves pour restaurer l'ordre durablement

Le concept machiavélien de "cruauté bien employée" constitue sans doute l'aspect le plus mal compris et le plus déformé de la pensée du Florentin. Cette notion, développée principalement dans les chapitres VII et VIII du *Prince*, ne désigne nullement une apologie de la violence gratuite ou du sadisme managérial, mais une analyse froide de l'efficacité comparative entre l'action décisive ponctuelle et la multiplication de demi-mesures destructrices. Pour saisir cette distinction capitale, nous devons examiner la définition précise que Machiavel donne de ce principe paradoxal.

**La définition originelle : chirurgie versus gangrène**

Dans le chapitre VIII du *Prince*, Machiavel établit une distinction fondamentale entre deux types d'actions coercitives : "Les cruautés sont bien employées (si toutefois on peut dire bien d'une chose mauvaise) quand on les commet toutes d'un coup par nécessité de s'assurer, et qu'ensuite on n'y persiste plus, mais qu'on les fait tourner, autant que possible, à l'utilité des sujets. Mal employées sont celles qui, bien que peu nombreuses au commencement, s'accroissent avec le temps plutôt qu'elles ne s'éteignent."

Cette définition révèle la sophistication analytique de la pensée machiavélienne. La "cruauté bien employée" se caractérise par quatre critères précis : l'unicité temporelle (une fois seulement), la nécessité stratégique (pour assurer la stabilité), la finalité constructive (au service de l'intérêt général), et l'efficacité durable (elle règle définitivement le problème). À l'inverse, la "cruauté mal employée" multiplie les actions coercitives dans la durée, créant un climat de terreur permanent qui déstabilise l'organisation et érode l'autorité du dirigeant.

Cette distinction s'enracine dans l'observation historique que Machiavel fait d'Oliverotto da Fermo et d'Agathocle de Syracuse, deux tyrans siciliens du IVe siècle avant notre ère. Agathocle consolide son pouvoir par une seule journée de massacres contre ses opposants, puis établit un règne stable et prospère pendant vingt-huit ans. Sa "cruauté" initiale, concentrée et définitive, évite des décennies de guerre civile et de chaos. À l'opposé, d'autres dirigeants de l'époque multiplient les exécutions punitives, créant un cycle infernal de vengeances et de complots qui finit par les détruire.

**L'erreur de l'interprétation morale**

L'incompréhension moderne de ce concept naît d'une lecture moralisatrice qui ignore la dimension analytique de la démarche machiavélienne. Machiavel ne préconise pas la cruauté, il constate son existence dans les rapports de pouvoir et analyse les conditions de son efficacité relative. Son approche relève de la science politique descriptive, non de la prescription éthique. Lorsqu'il écrit "si toutefois on peut dire bien d'une chose mauvaise", il marque explicitement la tension entre l'analyse stratégique et le jugement moral.

Cette nuance capitale disparaît dans la vulgarisation du "machiavélisme" qui transforme une observation sociologique en recommandation cynique. La "cruauté bien employée" devient alors synonyme de manipulation perverse, alors qu'elle décrit en réalité un arbitrage entre différentes formes de désordre social. Machiavel compare l'action forte et ponctuelle à un traitement chirurgical qui évite la gangrène généralisée. Sa métaphore médicale illustre une logique de moindre mal collectif plutôt qu'une apologie de la violence.

## La transposition managériale : l'action décisive versus l'enlisement

Cette grille d'analyse trouve une pertinence remarquable dans les défis organisationnels contemporains, où les dirigeants doivent souvent choisir entre l'action ferme immédiate et l'accumulation progressive de dysfonctionnements. L'observation des entreprises françaises révèle que les leaders les plus efficaces appliquent instinctivement cette logique machiavélienne, même sans connaître sa formalisation théorique.

Lors d'une mission auprès d'un groupe de distribution confronté à une guerre larvée entre deux directions fonctionnelles, nous avons observé l'application magistrale de ce principe. Depuis trois ans, les directions marketing et commerciale se livraient à une bataille d'influence qui paralysait l'innovation produit, démoralisait les équipes opérationnelles, et érodait la performance globale de l'entreprise. Les tentatives de médiation successives, les réorganisations partielles, et les ajustements de périmètres avaient multiplié les frustrations sans résoudre le conflit structurel.

Le nouveau directeur général, arrivé dans ce contexte dégradé, identifie rapidement le caractère systémique du problème. Après six semaines d'analyse, il prend une décision radicale : il supprime les deux postes de directeurs fonctionnels en conflit, crée une nouvelle organisation matricielle avec des responsabilités redéfinies, et nomme de nouveaux dirigeants externes au groupe. Cette décision, prise un vendredi et communiquée le lundi suivant, provoque un choc organisationnel considérable mais met fin immédiatement au conflit paralysant.

### L'anatomie de l'action décisive efficace

Cette intervention illustre parfaitement les quatre caractéristiques de la "cruauté bien employée" transposées au management contemporain. L'unicité temporelle se manifeste par la concentration de tous les changements organisationnels en une seule décision, évitant l'enlisement dans des ajustements successifs qui prolongeraient l'incertitude. La nécessité stratégique découle de l'impossibilité manifeste de résoudre le conflit par des moyens conventionnels, après trois années d'échecs répétés.

La finalité constructive transparaît dans la création immédiate d'une nouvelle organisation plus efficace, avec des processus décisionnels clarifiés et des responsabilités non ambiguës. L'efficacité durable se vérifie par la disparition complète du conflit structurel et l'amélioration mesurable de la performance collective dans les mois suivants. Le dirigeant a privilégié le traumatisme organisationnel ponctuel plutôt que l'hémorragie continue de l'inefficacité chronique.

**La différence avec la brutalité managériale**

Cette analyse permet de distinguer clairement la "cruauté bien employée" de la brutalité managériale courante qui caractérise certains dirigeants autoritaires. La brutalité managériale multiplie les sanctions individuelles, crée un climat de peur permanent, et utilise la coercition comme méthode normale de management. Elle correspond exactement à ce que Machiavel définit comme "cruauté mal employée" : des actions répétées qui s'accroissent avec le temps plutôt qu'elles ne s'éteignent.

À l'inverse, la "cruauté bien employée" concentre l'effort coercitif sur la résolution d'un problème structurel, puis établit un fonctionnement normal basé sur la coopération et l'efficacité collective. Le dirigeant de notre exemple n'a plus jamais eu recours à des mesures d'autorité similaires, car son intervention unique a rétabli un équilibre organisationnel durable. Sa "cruauté" ponctuelle a créé les conditions d'une "douceur" permanente dans les relations de travail.

**L'économie du conflit organisationnel**

Cette logique révèle une économie sophistiquée du conflit organisationnel que Machiavel anticipe avec une remarquable prescience. Dans toute organisation complexe, certains dysfonctionnements structurels ne peuvent être résolus que par des interventions décisives qui remettent en cause les équilibres établis. L'alternative à cette "cruauté" ponctuelle n'est pas l'harmonie idyllique, mais l'accumulation progressive de tensions qui finissent par exploser de manière incontrôlée et destructrice.

Le dirigeant qui refuse l'action décisive par souci d'éviter les conflits ne fait que reporter et amplifier les problèmes qu'il devra finalement affronter dans des conditions plus difficiles. Sa "douceur" apparente devient une forme de cruauté collective qui pénalise l'ensemble de l'organisation et compromet sa performance à long terme. Cette inversion paradoxale illustre la profondeur de l'analyse machiavélienne qui dépasse les apparences morales pour saisir la dynamique réelle des rapports organisationnels.

La maîtrise de ce principe transforme l'approche stratégique des tensions organisationnelles. Elle vous permet de distinguer les conflits qui nécessitent une résolution graduelle de ceux qui exigent une intervention décisive, évitant ainsi l'enlisement dans des dysfonctionnements chroniques qui érodent progressivement l'efficacité collective et votre propre autorité de dirigeant.

### 3.2.2 Appliquer une fermeté ciblée et chirurgicale pour prévenir l'escalade

La maîtrise pratique du principe de "cruauté bien employée" exige un cadre de décision rigoureux qui transforme ce concept philosophique en outil managérial responsable et efficace. Cette section vous fournit une méthodologie étape par étape pour évaluer, planifier et exécuter ces interventions décisives qui, bien que douloureuses à court terme, préservent l'intérêt supérieur de l'organisation et de ses membres.

### Étape 1 : Diagnostic de la nécessité stratégique

Avant toute action radicale, vous devez établir avec certitude que les méthodes conventionnelles ont atteint leurs limites et que l'inaction créerait un préjudice supérieur à l'intervention ferme.

1. **Évaluez l'ampleur du dysfonctionnement**
   - Quantifiez l'impact financier du problème sur une base mensuelle et trimestrielle
   - Mesurez l'effet sur le moral des équipes non impliquées dans le conflit
   - Identifiez les opportunités stratégiques perdues à cause de cette situation
   - Analysez les risques de contagion du dysfonctionnement à d'autres départements
2. **Documentez l'échec des solutions graduelles**
   - Listez chronologiquement toutes les tentatives de résolution antérieures
   - Analysez pourquoi chaque approche progressive a échoué
   - Évaluez le temps et les ressources déjà investis sans résultat tangible
   - Projetez les coûts d'opportunité d'une prolongation de la situation
3. **Confirmez l'urgence temporelle**
   - Identifiez les échéances critiques qui seront manquées sans action immédiate
   - Évaluez les fenêtres d'opportunité qui se fermeront définitivement
   - Analysez l'évolution probable du problème si aucune intervention ne survient
   - Mesurez l'impact sur la crédibilité de votre leadership en cas d'inaction prolongée

**Étape 2 : Conception de l'intervention chirurgicale**

L'action décisive doit être calibrée avec précision pour obtenir l'effet maximum avec le minimum de dommages collatéraux.

1. **Définissez l'objectif précis et mesurable**

    - Formulez clairement le résultat attendu en termes observables
    - Établissez des critères de succès quantifiables à court et moyen terme
    - Identifiez les indicateurs qui confirmeront l'efficacité de l'intervention
    - Fixez une échéance réaliste pour l'atteinte de ces objectifs

2. **Délimitez le périmètre d'action**

    - Identifiez précisément les personnes, processus ou structures concernés
    - Distinguez clairement ce qui doit changer de ce qui doit être préservé
    - Anticipez les effets de bord sur les équipes et activités adjacentes
    - Préparez des mesures de protection pour les éléments non ciblés

3. **Planifiez la séquence d'exécution**

    - Ordonnez chronologiquement chaque action nécessaire
    - Identifiez les dépendances entre les différentes étapes
    - Prévoyez les points de non-retour dans le processus
    - Établissez des mécanismes de contrôle pour chaque phase critique

### Étape 3 : Stratégie de communication transparente

La légitimité de votre action dépend largement de votre capacité à expliquer clairement sa nécessité et ses objectifs constructifs.

1. **Préparez le message fondamental**
   - Articulez la logique qui rend cette action nécessaire et inévitable
   - Expliquez comment cette décision sert l'intérêt général de l'organisation
   - Démontrez que toutes les alternatives moins radicales ont été explorées
   - Précisez les bénéfices attendus pour l'ensemble des collaborateurs
2. **Adaptez la communication aux différents publics**
   - **Pour l'équipe dirigeante :** Mettez l'accent sur les enjeux stratégiques et les risques d'inaction
   - **Pour les managers intermédiaires :** Expliquez l'impact sur leur capacité à manager efficacement
   - **Pour les équipes opérationnelles :** Focalisez sur l'amélioration des conditions de travail à terme
   - **Pour les parties prenantes externes :** Soulignez les effets positifs sur la performance globale
3. **Orchestrez le timing de la communication**
   - Informez d'abord les personnes directement concernées par l'action
   - Communiquez simultanément avec l'ensemble de l'organisation
   - Prévoyez des sessions de questions-réponses dans les 48 heures
   - Planifiez des points de situation réguliers pendant la période de transition

**Étape 4 : Gestion des conséquences et suivi**

L'efficacité de votre intervention se mesure autant par votre capacité à gérer ses répercussions que par l'action elle-même.

1. **Accompagnez les personnes impactées**
    - Proposez un soutien concret aux collaborateurs directement affectés
    - Mettez en place des dispositifs d'aide à la transition professionnelle
    - Maintenez un dialogue ouvert avec les représentants du personnel
    - Respectez scrupuleusement tous les aspects légaux et humains
2. **Mesurez et communiquez les résultats**
    - Suivez quotidiennement les indicateurs clés pendant les premières semaines
    - Publiez des bilans réguliers sur l'évolution de la situation
    - Reconnaissez publiquement les améliorations constatées
    - Ajustez rapidement si certains objectifs ne sont pas atteints
3. **Consolidez les acquis organisationnels**
    - Instaurez de nouveaux processus pour éviter la récurrence du problème
    - Formez les équipes aux nouvelles méthodes de travail
    - Récompensez les comportements qui soutiennent la nouvelle organisation
    - Intégrez les leçons apprises dans vos pratiques managériales futures

**Cas d'application : La restructuration salvatrice**

Une entreprise de services informatiques traverse une crise majeure. Deux de ses divisions principales, développement et intégration, s'enlisent depuis dix-huit mois dans un conflit qui paralyse la livraison des projets clients. Les tentatives de médiation, les changements d'organisation partiels et les formations à la collaboration ont échoué successivement. Le chiffre d'affaires chute de 15% par trimestre, plusieurs clients stratégiques menacent de résilier leurs contrats, et l'entreprise risque de perdre sa position concurrentielle. Le nouveau directeur général applique la méthodologie de l'action décisive. Il quantifie d'abord l'impact : 2,3 millions d'euros de pertes trimestrielles, 40% des projets en retard, et une démotivation généralisée des équipes techniques. Il documente ensuite l'échec des approches graduelles : six tentatives de réorganisation partielle, trois changements de managers intermédiaires, et une médiation externe de quatre mois sans résultat tangible.

Face à cette situation, il conçoit une intervention chirurgicale : fusion complète des deux divisions en une seule entité "Solutions Intégrées" avec une nouvelle équipe dirigeante externe, suppression des doublons fonctionnels, et redéfinition totale des processus de collaboration. Cette décision implique le départ de quatre managers clés et la réorganisation de 120 collaborateurs. La communication s'articule autour d'un message clair : cette restructuration vise à sauver l'entreprise et les emplois en restaurant la capacité collective à livrer des projets de qualité dans les délais. Il présente personnellement la décision à l'ensemble du personnel, explique la logique économique qui la sous-tend, et détaille le plan d'accompagnement des changements.

Les résultats valident l'approche : six mois après la restructuration, les retards projet diminuent de 60%, la satisfaction client remonte significativement, et les équipes retrouvent une dynamique positive. L'action décisive, bien que douloureuse pour les personnes directement impactées, préserve l'avenir collectif et rétablit la performance organisationnelle.

Cette méthodologie vous équipe pour transformer la "cruauté bien employée" machiavélienne en instrument de leadership responsable, capable de trancher dans les situations bloquées tout en préservant l'intégrité humaine et organisationnelle de vos interventions.

# 4. Bâtir sa Forteresse : Cultiver la Réputation et l'Influence

Au printemps 1482, une armée considérable se massait aux frontières du duché d'Urbino. Les soldats vénitiens, financés par les riches marchands de la Sérénissime, s'apprêtaient à envahir ce petit territoire montagneux des Apennins. Leur objectif semblait à portée de main : s'emparer d'un duché stratégique qui contrôlait les routes commerciales entre Florence et l'Adriatique. Face à eux, Federico da Montefeltro ne disposait que d'une fraction de leurs effectifs et d'un trésor bien plus modeste. Pourtant, l'invasion n'eut jamais lieu.

Que s'était-il passé ? Aucune bataille rangée, aucune négociation diplomatique spectaculaire, aucune intervention d'une puissance alliée. Simplement, la seule mention du nom de Federico suffit à décourager l'entreprise. Les capitaines vénitiens, pourtant aguerris et bien payés, refusèrent de marcher contre un homme dont la réputation de stratège invincible et de dirigeant juste s'étendait dans toute l'Italie. Ils savaient qu'affronter Federico da Montefeltro signifiait non seulement risquer une défaite militaire certaine, mais aussi s'attirer l'hostilité de tous ceux qui respectaient son intégrité légendaire. La réputation du duc d'Urbino constituait une arme plus redoutable que ses canons.

Cette histoire illustre l'une des vérités les plus profondes du pouvoir : votre réputation peut devenir votre plus puissante forteresse ou votre plus grande vulnérabilité. Federico da Montefeltro n'avait pas construit sa protection par hasard. Durant trente années de règne, il avait méthodiquement sculpté une image publique fondée sur trois piliers inébranlables : l'excellence militaire, l'équité dans ses jugements, et la fiabilité absolue de sa parole. Cette réputation agissait comme un multiplicateur de force qui transformait ses ressources limitées en influence considérable.

Machiavel observait cette dynamique avec fascination. Dans ses écrits, il distingue soigneusement les dirigeants qui subissent leur réputation de ceux qui la construisent stratégiquement. "Un prince qui veut se maintenir doit apprendre à ne pas être bon, et en user selon la nécessité", écrit-il dans *Le Prince*, mais il précise immédiatement que cette maxime ne concerne que les actions privées. Publiquement, le leader machiavélien cultive une image qui sert ses objectifs politiques avec la même précision qu'un architecte conçoit les fondations d'un château.

La distinction entre l'action stratégique et l'image publique révèle toute la sophistication de la pensée machiavélienne. Il ne s'agit pas de manipuler ou de tromper, mais de comprendre que la perception façonne la réalité du pouvoir. Lorsque vos collaborateurs, concurrents, et parties prenantes vous attribuent certaines qualités, ces perceptions deviennent des faits opérationnels qui influencent leurs décisions et leurs comportements à votre égard. Votre réputation crée un environnement favorable ou hostile qui amplifie ou entrave chacune de vos initiatives.

Dans le monde de l'entreprise contemporain français, cette logique s'applique avec une acuité particulière. Les organisations modernes fonctionnent largement sur la confiance et la crédibilité. Un directeur financier réputé pour sa rigueur obtient plus facilement l'adhésion du conseil d'administration à ses recommandations budgétaires. Un responsable marketing connu pour sa créativité et ses résultats attire spontanément les meilleurs talents et les projets les plus prometteurs. À l'inverse, un manager dont la réputation évoque l'indécision ou l'inefficacité voit ses propositions scrutées avec méfiance et ses équipes démotivées avant même le début de l'action.

Pourtant, la plupart des dirigeants négligent cet actif stratégique majeur. Ils concentrent leurs efforts sur les compétences techniques, la connaissance des marchés, ou la maîtrise des outils de gestion, en supposant naïvement que l'excellence professionnelle suffit à construire leur influence. Cette approche ignore une réalité fondamentale : dans un environnement complexe où l'information circule rapidement et où les décisions se prennent souvent sur la base de signaux incomplets, votre réputation détermine la manière dont vos actions seront interprétées et vos propositions accueillies.

L'exemple de Federico da Montefeltro révèle les trois mécanismes par lesquels une réputation solide transforme votre capacité d'action. D'abord, elle décourage l'opposition en créant une perception de force qui dissuade les défis directs. Les rivaux potentiels calculent leurs chances de succès en fonction de votre réputation autant que de vos ressources réelles. Ensuite, elle attire les soutiens en signalant votre fiabilité et votre compétence. Les alliés naturels gravitent vers les leaders dont la réputation garantit le succès des collaborations. Enfin, elle accélère l'exécution en réduisant les résistances internes et les vérifications superflues que subissent les dirigeants moins crédibles.

Cette dynamique s'observe quotidiennement dans les organisations françaises. Lors d'une mission auprès d'un grand groupe industriel, nous avons constaté comment deux directeurs de division, disposant de budgets et d'équipes comparables, obtenaient des résultats radicalement différents selon leur réputation interne. Le premier, réputé pour sa capacité à transformer ses projets en succès commerciaux, voyait ses demandes de ressources approuvées rapidement et ses recommandations mises en œuvre sans délai. Le second, malgré des compétences techniques équivalentes, consacrait 40% de son temps à convaincre, expliquer et rassurer les parties prenantes réticentes à s'engager sur ses propositions.

La différence ne s'expliquait pas par un écart de performance objective, mais par la perception que chacun avait construite au fil des années. Le premier avait consciemment investi dans sa réputation en choisissant stratégiquement ses batailles, en communiquant systématiquement sur ses réussites, et en assumant publiquement ses erreurs avec transparence. Le second, focalisé uniquement sur l'excellence technique, avait négligé la dimension perception de son leadership et payait désormais le prix de cette négligence sous forme d'inefficacité organisationnelle.

Votre réputation est-elle un rempart qui vous protège ou une faiblesse qui vous expose ? Cette question mérite une réflexion approfondie car elle détermine votre capacité future à exercer une influence durable dans votre environnement professionnel. Si vous ne pouvez pas répondre avec certitude, ou si votre réputation actuelle ne soutient pas activement vos ambitions stratégiques, alors vous opérez sans l'une de vos armes les plus puissantes.

Machiavel comprenait que la réputation ne se construit pas par accident. Elle résulte d'une stratégie délibérée qui aligne vos actions, votre communication, et votre positionnement public sur les perceptions que vous souhaitez créer. Cette approche exige de dépasser la croyance naïve selon laquelle "le travail parle de lui-même". Dans la réalité organisationnelle, le travail ne parle que si vous lui donnez une voix cohérente et stratégique.

La construction d'une réputation solide suit des principes précis que nous allons explorer dans ce chapitre. Ces principes s'articulent autour de deux axes complémentaires : l'alignement entre vos actions et l'image désirée, et la maîtrise de votre communication publique pour sculpter la perception des autres. Cette double approche vous permet de transformer votre réputation d'un accident biographique en un actif stratégique consciemment développé.

Ce chapitre constitue votre guide pour bâtir une forteresse imprenable : votre image publique. Nous examinerons d'abord comment définir la réputation que vous voulez construire, puis les méthodes pour aligner vos actions sur cette vision. Nous analyserons ensuite les techniques de communication qui vous permettent de sculpter la perception que les autres ont de votre leadership. Enfin, nous étudierons la dialectique complexe entre l'amour et la crainte dans l'exercice de l'autorité, révélant pourquoi le respect constitue un fondement plus solide que la popularité pour construire une influence durable.

L'objectif de cette démarche dépasse la simple gestion de votre image personnelle. Il s'agit de vous doter d'un multiplicateur de force qui amplifie l'impact de chacune de vos actions et facilite l'atteinte de vos objectifs organisationnels. Une réputation stratégiquement construite devient votre meilleur investissement en termes de retour sur influence, créant un cercle vertueux où vos succès renforcent votre crédibilité, qui à son tour facilite vos succès futurs.

# 4.1 La Construction Stratégique de l'Image

## 4.1.1 Le duo "être et paraître" : aligner ses actions sur la réputation désirée

La réputation n'est pas un accident biographique, mais le résultat d'un projet stratégique consciemment mené. Cette vérité fondamentale, que Machiavel expose avec une lucidité remarquable dans *Le Prince*, révolutionne notre compréhension de l'influence et du leadership. Loin de l'idée naïve selon laquelle "il suffit de bien faire son travail", la pensée machiavélienne nous enseigne que la construction d'une réputation solide exige une démarche méthodique qui articule deux dimensions complémentaires : ce que vous êtes réellement et ce que vous paraissez être aux yeux des autres.

**La distinction fondatrice : essere et parere**

Dans le chapitre XVIII du *Prince*, Machiavel établit une distinction capitale entre l'*essere* (être) et le *parere* (paraître) qui constitue l'un des piliers de sa philosophie politique. "Il n'est pas nécessaire à un prince d'avoir toutes les qualités que j'ai énumérées, mais il est très nécessaire de paraître les avoir", écrit-il avec sa précision habituelle. Cette affirmation ne constitue pas une invitation à la duplicité, mais une observation pragmatique sur le fonctionnement du pouvoir dans les sociétés humaines.

La distinction machiavélienne repose sur une compréhension profonde de la psychologie sociale : les individus fondent leurs décisions et leurs jugements sur les informations limitées dont ils disposent, non sur une connaissance exhaustive de votre caractère. Dans l'environnement complexe des organisations contemporaines, vos collaborateurs, supérieurs et partenaires forment leurs opinions sur vous à partir de signaux partiels : vos interventions en réunion, vos emails, vos réactions face aux crises, vos succès visibles et vos échecs publics. Ces fragments d'information constituent la matière première à partir de laquelle ils construisent leur perception de votre compétence, votre fiabilité et votre leadership.

Cette réalité ne diminue en rien l'importance de vos qualités réelles. Machiavel ne prône pas l'imposture, mais l'intelligence stratégique. Il observe que les qualités authentiques qui ne sont pas perçues n'exercent aucune influence sur votre environnement, tandis que les qualités perçues, même si elles ne reflètent qu'imparfaitement votre nature profonde, façonnent directement la réalité de vos relations professionnelles. La maîtrise de cette dialectique entre l'être et le paraître devient donc un impératif stratégique pour tout leader qui souhaite maximiser son influence.

**La réputation comme architecture consciente**

La réputation se construit selon une logique architecturale qui exige planification, cohérence et patience. Comme un bâtisseur conçoit d'abord les plans de son édifice avant de poser la première pierre, vous devez d'abord définir clairement l'image que vous souhaitez projeter, puis aligner systématiquement vos actions et communications sur cette vision. Cette approche transforme la réputation d'un phénomène subi en un actif stratégique maîtrisé.

La construction délibérée de votre réputation commence par un exercice fondamental : la définition des qualités clés que vous souhaitez incarner aux yeux de votre environnement professionnel. Ces qualités ne doivent pas être choisies arbitrairement, mais déterminées en fonction de trois critères essentiels : votre nature authentique, les exigences de votre fonction, et les attentes de votre écosystème organisationnel. Votre nature authentique constitue le socle de cette construction. Choisir d'incarner des qualités qui vous sont étrangères créerait une tension insoutenable et une fragilité structurelle dans votre image. Si vous êtes naturellement analytique et réfléchi, construire une réputation d'impulsivité créative serait non seulement artificiel mais contre-productif. L'art machiavélien consiste à identifier vos forces naturelles et à les amplifier stratégiquement, non à vous travestir en personnage fictif.

Les exigences de votre fonction déterminent les qualités que votre environnement attend légitimement de vous. Un directeur financier doit incarner la rigueur et la fiabilité, un responsable innovation doit projeter la créativité et l'audace, un manager opérationnel doit démontrer l'efficacité et la capacité d'exécution. Cette dimension fonctionnelle de votre réputation vous permet de répondre aux attentes légitimes de votre rôle tout en vous différenciant de vos pairs par la manière dont vous incarnez ces qualités attendues.

**Les étapes de l'alignement stratégique**

La première étape de cette construction consiste à sélectionner trois à cinq qualités principales que vous souhaitez voir associées à votre nom. Cette limitation volontaire répond à une logique cognitive fondamentale : l'esprit humain ne peut retenir et associer qu'un nombre limité d'attributs à une personne donnée. Mieux vaut être reconnu excellemment pour quelques qualités clés que médiocrement pour une multitude de caractéristiques floues.

Prenons l'exemple d'un directeur commercial qui choisit de bâtir sa réputation sur trois piliers : l'expertise sectorielle, la capacité à créer du consensus, et la fiabilité dans l'exécution. Ces trois qualités, bien choisies, créent un profil cohérent et différenciant qui répond aux attentes de sa fonction tout en s'appuyant sur ses forces naturelles. L'expertise sectorielle le positionne comme une référence technique, la capacité consensuelle facilite ses négociations internes, et la fiabilité d'exécution rassure sa hiérarchie sur l'atteinte des objectifs commerciaux.

La seconde étape exige de traduire ces qualités abstraites en comportements observables et en communications concrètes. Chaque interaction professionnelle devient une opportunité de renforcer ou d'affaiblir votre réputation désirée. Cette cohérence comportementale ne doit rien laisser au hasard : vos interventions en réunion, votre style de management, vos choix de projets, vos réseaux professionnels, et même votre présence sur les réseaux sociaux professionnels doivent converger vers la consolidation de votre image stratégique.

Pour illustrer cette logique, considérons comment notre directeur commercial incarne concrètement ses trois qualités choisies. Son expertise sectorielle se manifeste par des interventions documentées en réunion, des analyses de marché régulièrement partagées avec ses équipes, et une veille concurrentielle qu'il synthétise pour l'équipe dirigeante. Sa capacité consensuelle s'exprime par son habitude de consulter systématiquement les parties prenantes avant les décisions importantes, sa recherche de solutions gagnant-gagnant dans les conflits internes, et sa communication inclusive qui valorise les contributions de chacun. Sa fiabilité d'exécution se traduit par le respect scrupuleux de ses engagements, la communication proactive sur l'avancement de ses projets, et l'anticipation des difficultés avec des plans de contingence préparés.

**L'écosystème français des réputations professionnelles**

Dans le contexte spécifique des organisations françaises, cette construction stratégique de la réputation doit tenir compte des codes culturels et des attentes implicites qui caractérisent notre environnement professionnel. La culture managériale française valorise particulièrement certaines qualités comme l'expertise technique, la capacité d'analyse, et l'élégance intellectuelle, tout en se méfiant des approches trop commerciales ou ouvertement ambitieuses.

Cette spécificité culturelle influence directement les choix stratégiques que vous devez opérer dans la construction de votre réputation. Un manager qui souhaite incarner l'innovation doit équilibrer son discours visionnaire avec des références solides et une approche méthodologique. Un dirigeant qui vise l'influence doit démontrer son expertise avant d'exercer son charisme. Un responsable qui ambitionne l'autorité doit prouver sa compétence technique avant d'affirmer ses capacités de leadership.

L'observation des entreprises françaises révèle que les réputations les plus solides articulent généralement trois dimensions : l'excellence technique dans leur domaine de spécialité, la capacité à naviguer la complexité organisationnelle avec finesse, et l'aptitude à communiquer avec clarté et conviction. Cette trilogie répond aux attentes profondes de la culture professionnelle française qui respecte l'expertise, apprécie la subtilité stratégique, et valorise l'expression sophistiquée.

**La cohérence temporelle comme multiplicateur de crédibilité**

L'efficacité de votre construction réputationnelle dépend crucialement de votre capacité à maintenir une cohérence temporelle entre vos différentes actions et communications. Cette cohérence ne signifie pas rigidité, mais alignement stratégique durable qui résiste aux fluctuations conjoncturelles et aux pressions situationnelles. Chaque interaction professionnelle doit renforcer l'édifice réputationnel que vous construisez, sans créer de dissonance qui affaiblirait l'ensemble.

L'exigence de cohérence temporelle transforme votre quotidien professionnel en un exercice permanent de construction stratégique. Vos choix de projets, vos priorités d'investissement temps, vos alliances internes, et vos positionnements publics doivent converger vers le renforcement de votre réputation cible. Cette discipline stratégique, inspirée directement de l'approche machiavélienne, vous permet de transformer l'accumulation d'interactions quotidiennes en puissance d'influence durable.

La maîtrise de la dialectique entre l'être et le paraître vous dote d'un avantage concurrentiel considérable dans l'environnement organisationnel contemporain. Elle vous permet de maximiser l'impact de vos qualités réelles tout en construisant la perception optimale de votre leadership. Cette approche, loin de constituer une manipulation superficielle, représente une forme supérieure d'intelligence stratégique qui optimise votre capacité d'influence au service de vos objectifs professionnels et organisationnels.

### 4.1.2 Maîtriser sa communication pour sculpter la perception des autres

La maîtrise de votre communication constitue l'outil le plus direct pour façonner la perception que les autres ont de votre leadership. Chaque mot prononcé, chaque message écrit, chaque réaction face aux critiques contribue à consolider ou à éroder l'édifice réputationnel que vous construisez. Cette section vous fournit un arsenal de techniques concrètes pour transformer chaque interaction en opportunité de renforcement de votre image stratégique.

**1. L'art de prendre la parole en réunion : devenir une voix d'autorité**

Vos interventions en réunion représentent vos moments de plus grande visibilité professionnelle. Chaque prise de parole offre une occasion unique de démontrer votre expertise, votre vision stratégique et votre capacité de leadership devant un auditoire captif. La maîtrise de cet art exige une approche méthodique qui combine préparation rigoureuse et exécution naturelle.

**Étape 1 : Préparer votre positionnement avant la réunion**

1. **Analysez l'ordre du jour stratégiquement**
    - Identifiez les 2-3 sujets où votre expertise vous permet d'apporter une valeur distinctive
    - Préparez une contribution substantielle sur ces points précis

- Anticipez les questions ou objections probables de vos interlocuteurs

2. **Développez votre arsenal argumentaire**

    - Rassemblez 2-3 données factuelles récentes qui étayent votre position
    - Préparez une analogie ou un exemple concret pour rendre vos idées mémorables
    - Formulez votre recommandation principale en une phrase claire et actionnable

3. **Définissez votre moment d'intervention optimal**

    - Repérez les transitions naturelles où votre expertise devient pertinente
    - Évitez d'intervenir en premier sur des sujets controversés (laissez les positions se dessiner)
    - Préparez une phrase d'amorce qui vous permet d'entrer dans la discussion avec élégance

**Étape 2 : Maîtriser les techniques d'intervention persuasive**

1. **La technique du "pont analytique"**

    - Commencez par reconnaître un point valide soulevé par un intervenant précédent
    - Établissez un lien logique avec votre expertise : "Cette observation rejoint parfaitement l'analyse que nous menons sur..."
    - Développez votre point avec une structure claire : situation, analyse, recommandation

2. **L'utilisation stratégique du silence**

    - Marquez une pause de 2-3 secondes avant vos interventions importantes
    - Utilisez le silence après vos questions pour encourager les réponses réfléchies
    - Laissez vos affirmations clés "respirer" pour permettre leur assimilation

3. **La reformulation clarifiante**
    - Synthétisez les discussions complexes en points simples et actionnables
    - Utilisez des formules comme : "Si je résume les enjeux principaux..." ou "Les trois options qui se dégagent sont..."
    - Positionnez-vous comme celui qui apporte de la clarté dans la complexité

**Étape 3 : Gérer les situations délicates avec autorité**

- **Face aux interruptions :** Maintenez le contact visuel, levez légèrement la main, et dites calmement : "Permettez-moi de terminer cette idée, puis j'écouterai votre point avec attention."

- **Face aux critiques directes :** Adoptez la formule : "C'est une objection pertinente. Voici comment nous pouvons l'aborder..." puis répondez factuellement sans émotion apparente.

- **Face aux silences gênants :** Assumez le rôle de facilitateur en reformulant la question ou en proposant une approche structurée pour avancer.

**2. Rédiger des emails qui assoient votre autorité**

Vos communications écrites laissent une trace durable et façonnent votre réputation de manière permanente. Chaque email devient un document qui témoigne de votre professionnalisme, votre rigueur et votre capacité de synthèse. L'excellence dans cet exercice quotidien construit progressivement une image de fiabilité et d'efficacité.

**Structure d'un email d'influence efficace :**

1. **Objet stratégique (8-12 mots maximum)**

    - Formulez l'enjeu principal avec précision
    - Utilisez des verbes d'action : "Recommandations pour...", "Décision requise sur...", "Synthèse de..."
    - Évitez les formulations vagues comme "Point sur..." ou "Question concernant..."

2. **Ouverture contextuelle (1-2 phrases)**

    - Situez votre email dans son contexte stratégique
    - Établissez le lien avec les préoccupations de votre interlocuteur
    - Exemple : "Suite à notre échange sur l'optimisation des processus, voici l'analyse détaillée que vous attendez."

3. **Corps structuré en blocs visuels**

    - **Analyse (si nécessaire)** : Maximum 3 points clés avec données factuelles
    - **Recommandations** : Numérotées et hiérarchisées par importance
    - **Prochaines étapes** : Actions concrètes avec responsables et échéances

4. **Conclusion orientée action**

    - Précisez clairement ce que vous attendez en retour
    - Proposez un délai raisonnable pour la réponse
    - Exemple : "J'attends votre validation sur le point 2 avant vendredi pour lancer la mise en œuvre."

**Techniques de formulation pour renforcer votre autorité :**

- **Remplacez les formulations hésitantes par des affirmations claires :**

- Au lieu de : "Il me semble que nous pourrions peut-être..."
- Écrivez : "Je recommande de..." ou "L'analyse indique que nous devons..."
- **Utilisez la voix active et des verbes précis :**
- Au lieu de : "Il a été décidé que les résultats seraient analysés..."
- Écrivez : "Nous analysons les résultats pour identifier..."
- **Quantifiez vos affirmations quand c'est possible :**
- Au lieu de : "Cette solution améliorerait significativement les performances..."
- Écrivez : "Cette solution devrait améliorer les performances de 15-20% selon nos projections..."

### 3. Raconter ses succès sans paraître arrogant

La communication de vos réussites constitue un exercice délicat qui exige finesse et stratégie. L'enjeu consiste à informer votre environnement de vos accomplissements tout en préservant votre crédibilité et vos relations. Cette compétence détermine largement la vitesse à laquelle votre réputation positive se construit et se diffuse.

**Méthode en 4 étapes pour valoriser vos succès avec élégance :**

**Étape 1 : Sélectionner les succès à communiquer**

Critères de sélection prioritaires :

- Impact mesurable sur les objectifs organisationnels
- Pertinence pour votre positionnement stratégique désiré

- Potentiel d'apprentissage ou de reproduction pour l'organisation
- Timing approprié (éviter les périodes de tension ou de difficultés collectives)

### Étape 2 : Structurer le récit autour des apprentissages

1. **Contexte et défis** (30% du récit)

    - Décrivez la situation initiale et ses complexités
    - Mettez en avant les obstacles surmontés
    - Exemple : "Face à la résistance initiale des équipes commerciales au nouveau CRM..."

2. **Approche et méthodes** (40% du récit)

    - Expliquez votre méthodologie et vos choix stratégiques
    - Valorisez la collaboration et les contributions d'équipe
    - Exemple : "En impliquant les utilisateurs finaux dans la personnalisation du système..."

3. **Résultats et implications** (30% du récit)

    - Quantifiez les bénéfices obtenus pour l'organisation
    - Élargissez aux leçons applicables à d'autres situations
    - Exemple : "Cette approche participative a permis un taux d'adoption de 95% en 3 mois, et pourrait être répliquée sur d'autres projets de transformation..."

### Étape 3 : Choisir les canaux de communication appropriés

- **Communications formelles** : Rapports d'activité, présentations en comité de direction, bilans de projet
- **Échanges informels** : Conversations de couloir, pauses café stratégiques, déjeuners professionnels
- **Plateformes internes** : Newsletter d'entreprise, intranet, réseaux sociaux professionnels internes

- **Réseaux externes :** LinkedIn, conférences sectorielles, articles de presse spécialisée

### 4. Gérer les rumeurs et les critiques avec stratégie

La gestion des informations négatives qui circulent sur votre compte représente un aspect crucial de votre stratégie réputationnelle. Votre réaction face aux critiques et rumeurs révèle votre maturité professionnelle et influence directement la perception de votre leadership. Cette compétence détermine votre capacité à préserver votre réputation dans les moments difficiles.

**Protocole de gestion des rumeurs en 5 phases :**

**Phase 1 : Diagnostic et évaluation (24-48 heures)**

1. **Analyser la source et la propagation**

    - Identifier l'origine probable de la rumeur
    - Cartographier les circuits de diffusion observés
    - Évaluer la crédibilité accordée à cette source par votre environnement

2. **Mesurer l'impact potentiel**

    - Évaluer les conséquences sur vos projets en cours
    - Anticiper les répercussions sur vos relations professionnelles clés
    - Quantifier les risques sur votre positionnement stratégique

3. **Déterminer votre stratégie de réponse**

    - **Ignorer :** Si la rumeur est manifestement sans fondement et peu relayée
    - **Clarifier discrètement :** Si elle touche un cercle restreint et pourrait créer des malentendus
    - **Répondre publiquement :** Si elle menace sérieusement votre réputation ou vos objectifs

**Phase 2 : Réponse stratégique selon le type de critique**

**Pour les critiques factuelles fondées :**

1. Reconnaissez les faits objectivement et rapidement
2. Expliquez le contexte qui éclaire votre décision
3. Présentez les mesures correctives mises en place
4. Démontrez les apprentissages tirés de l'expérience

**Pour les critiques d'opinion ou d'approche :**

1. Respectez le droit à la différence de point de vue
2. Exposez calmement la logique de votre approche
3. Mettez en avant les résultats obtenus ou attendus
4. Proposez un suivi pour évaluer l'efficacité des choix

**Pour les rumeurs sans fondement :**

1. Apportez les éléments factuels qui contredisent la rumeur
2. Maintenez un ton professionnel et factuel
3. Évitez de dramatiser ou de sur-réagir
4. Redirigez l'attention vers vos réalisations concrètes

**Phase 3 : Communication préventive pour l'avenir**

- **Renforcez vos canaux de communication directe** avec vos parties prenantes clés
- **Développez un réseau d'alliés informés** qui peuvent témoigner de votre professionnalisme
- **Documentez vos décisions importantes** pour pouvoir les justifier si nécessaire
- **Cultivez une image de transparence** par une communication régulière et proactive

La maîtrise de votre communication vous transforme en architecte conscient de votre réputation. Chaque interaction devient une pierre ajoutée à l'édifice de votre influence, créant progressivement l'image d'un leader fiable, compétent et stratégique que votre environnement professionnel apprendra à respecter et à solliciter.

## 4.2 La Dialectique de la Crainte et de l'Amour

### 4.2.1 Analyser pourquoi "il est plus sûr d'être craint qu'aimé" dans un contexte de leadership

Dans le chapitre XVII du *Prince*, Machiavel formule l'une de ses maximes les plus célèbres et les plus mal comprises : "il est beaucoup plus sûr d'être craint que d'être aimé". Cette affirmation, qui a alimenté des siècles de débats et de malentendus, constitue en réalité l'une des observations les plus pénétrantes sur la nature du pouvoir et l'exercice de l'autorité dans les organisations humaines. Loin d'être un appel au despotisme ou à la tyrannie, cette maxime révèle une vérité psychologique profonde sur les fondements durables du leadership efficace.

**Le contexte historique et la genèse de la maxime**

Machiavel développe cette réflexion en observant les destins contrastés des princes de son époque. Il constate que ceux qui fondent leur autorité sur l'affection populaire connaissent des règnes fragiles et instables, tandis que ceux qui inspirent un respect mêlé de crainte maintiennent leur position avec plus de constance. Cette observation naît de son analyse des échecs répétés des dirigeants florentins qui, par souci de popularité, compromettaient l'efficacité de leur gouvernement et la pérennité de leurs institutions.

L'exemple de Pierre Soderini, gonfalonier de Florence de 1502 à 1512, illustre parfaitement cette dynamique. Soderini, homme intègre et bienveillant, jouissait d'une popularité considérable auprès du peuple florentin. Cependant, sa réticence à prendre des décisions impopulaires mais nécessaires, sa tendance à éviter les conflits pour préserver l'harmonie, et son incapacité à imposer sa volonté face aux oppositions ont conduit à l'affaiblissement progressif des institutions républicaines. Lorsque les circonstances exigèrent fermeté et détermination face au retour des Médicis en 1512, Soderini se révéla incapable de mobiliser l'autorité nécessaire pour défendre la république. Sa popularité, loin de le protéger, se révéla insuffisante pour maintenir son pouvoir face à des adversaires déterminés.

**La distinction fondamentale : crainte versus terreur**

La compréhension moderne de cette maxime machiavélienne souffre d'une confusion terminologique majeure. Lorsque Machiavel parle de "crainte" (timore en italien), il ne fait pas référence à la terreur aveugle ou à la peur paralysante, mais à ce que nous pourrions aujourd'hui appeler le "respect conscient de l'autorité". Cette crainte machiavélienne combine plusieurs éléments psychologiques distincts : la reconnaissance de la compétence du leader, la conscience de sa détermination à faire respecter ses décisions, et l'anticipation des conséquences prévisibles de la désobéissance ou de la négligence.

Cette forme de crainte constructive diffère radicalement de la terreur destructrice que Machiavel condamne explicitement. La terreur, fondée sur l'arbitraire et la violence gratuite, génère une obéissance superficielle qui masque une hostilité profonde et durable. Elle crée un environnement toxique où la créativité et l'initiative disparaissent, remplacées par la paralysie et la dissimulation. La crainte machiavélienne, au contraire, maintient la dynamique organisationnelle tout en établissant des limites claires et prévisibles.

Dans le contexte des entreprises françaises contemporaines, cette distinction revêt une importance particulière. Les dirigeants qui confondent autorité et autoritarisme, qui gouvernent par l'intimidation plutôt que par le respect, créent des organisations dysfonctionnelles où règnent la méfiance et l'immobilisme. À l'inverse, ceux qui cultivent une autorité basée sur la compétence démontrée et la cohérence des décisions développent des équipes performantes et engagées.

**L'analyse de la volatilité affective dans les relations de pouvoir**

Machiavel identifie avec une précision remarquable les mécanismes psychologiques qui rendent l'affection inadéquate comme fondement durable de l'autorité. L'amour, dans les relations de pouvoir, présente trois vulnérabilités structurelles qui compromettent l'efficacité du leadership.

Premièrement, l'affection dépend largement des bénéfices immédiats que les subordonnés retirent de leur relation avec le leader. Cette dépendance crée une fragilité intrinsèque : dès que les circonstances empêchent le leader de satisfaire les attentes ou de distribuer les récompenses habituelles, l'affection se transforme rapidement en déception, puis en hostilité. Les leaders populistes, qui fondent leur autorité sur leur capacité à satisfaire les demandes de leurs équipes, découvrent douloureusement cette réalité lorsque les contraintes budgétaires ou stratégiques les obligent à prendre des décisions impopulaires.

Deuxièmement, l'affection encourage les comportements opportunistes et les manipulations. Les individus comprennent intuitivement qu'ils peuvent influencer un leader soucieux de préserver sa popularité en modulant leurs manifestations d'approbation ou de mécontentement. Cette dynamique transforme progressivement le leader en otage de ses propres subordonnés, incapable de prendre les décisions nécessaires par crainte de perdre leur affection.

Troisièmement, l'affection personnelle crée des inégalités de traitement qui minent l'équité et la cohésion organisationnelle. Les leaders qui gouvernent par l'amour développent inévitablement des préférences et des antipathies qui influencent leurs décisions. Cette personnalisation de l'autorité génère jalousies, frustrations et conflits internes qui compromettent l'efficacité collective.

**La stabilité structurelle du respect basé sur la compétence**

La crainte machiavélienne, fondée sur la reconnaissance de la compétence et de la détermination du leader, présente des caractéristiques structurellement différentes qui en font un fondement plus stable pour l'exercice durable du pouvoir.

Cette forme de respect transcende les fluctuations émotionnelles et les intérêts immédiats. Elle repose sur une évaluation rationnelle des capacités du leader et de sa capacité à prendre les décisions nécessaires pour atteindre les objectifs organisationnels. Cette reconnaissance rationnelle résiste mieux aux déceptions temporaires et aux difficultés conjoncturelles.

Le respect basé sur la compétence crée également une prévisibilité comportementale qui facilite le fonctionnement organisationnel. Les collaborateurs comprennent clairement les critères d'évaluation, les conséquences de leurs actions, et les standards de performance attendus. Cette clarté réduit l'anxiété organisationnelle et permet à chacun de se concentrer sur son travail plutôt que sur la gestion de ses relations interpersonnelles avec le leader.

L'exemple d'un directeur général d'une entreprise manufacturière française illustre parfaitement cette dynamique. Lors d'une mission de conseil, nous avons observé comment ce dirigeant, initialement impopulaire en raison de ses exigences élevées et de son style direct, a progressivement gagné le respect profond de ses équipes. Sa capacité à prendre des décisions difficiles lors d'une crise économique, à maintenir des standards de qualité élevés malgré la pression concurrentielle, et à protéger l'emploi par des choix stratégiques judicieux lui a valu une autorité incontestée. Ses collaborateurs n'éprouvaient peut-être pas d'affection personnelle pour son style managérial, mais ils reconnaissaient sa compétence et sa détermination à servir l'intérêt collectif.

### L'application moderne dans l'environnement français d'entreprise

Dans le contexte spécifique des organisations françaises, cette dialectique entre crainte et amour revêt des dimensions particulières liées aux spécificités culturelles et structurelles de notre environnement professionnel.

La culture managériale française, marquée par une tradition hiérarchique forte et une valorisation de l'expertise technique, se révèle particulièrement réceptive à l'autorité basée sur la compétence démontrée. Les dirigeants qui construisent leur légitimité sur leur expertise métier, leur capacité d'analyse stratégique, et leur aptitude à naviguer la complexité réglementaire et concurrentielle française bénéficient d'une autorité naturelle qui transcende les sympathies personnelles.

Cette dynamique s'observe particulièrement dans les secteurs technologiques et industriels où l'excellence technique constitue un prérequis fondamental du leadership. Un directeur technique qui démontre sa maîtrise des enjeux technologiques, sa capacité à anticiper les évolutions du marché, et sa détermination à maintenir les standards de qualité inspire naturellement le respect de ses équipes, indépendamment de sa popularité personnelle.

La dimension internationale des entreprises françaises ajoute une complexité supplémentaire à cette équation. Dans un environnement concurrentiel global où les décisions stratégiques ont des implications immédiates sur l'emploi et la pérennité de l'organisation, les collaborateurs accordent priorité à l'efficacité du leadership sur sa dimension relationnelle. Ils préfèrent un dirigeant compétent mais exigeant à un manager sympathique mais inefficace.

### Les mécanismes psychologiques de la durabilité autorité

L'analyse machiavélienne révèle également les mécanismes psychologiques profonds qui expliquent la supériorité de la crainte respectueuse sur l'affection comme fondement de l'autorité durable. Ces mécanismes opèrent à plusieurs niveaux de la psyché individuelle et collective.

Au niveau cognitif, le respect basé sur la compétence s'ancre dans l'évaluation rationnelle des performances et des résultats. Cet ancrage rationnel résiste aux fluctuations émotionnelles et aux influences extérieures qui peuvent ébranler des liens purement affectifs. Les collaborateurs maintiennent leur respect pour un leader compétent même lorsque ses décisions les déçoivent personnellement, car ils comprennent la logique stratégique qui les sous-tend.

Au niveau comportemental, la crainte machiavélienne génère une discipline personnelle et collective qui améliore la performance organisationnelle. Les individus intériorisent les standards de qualité et les exigences de performance, créant une culture d'excellence qui se perpétue même en l'absence du leader. Cette autonomisation des standards contraste avec la dépendance relationnelle qui caractérise les organisations gouvernées par l'affection.

Au niveau social, l'autorité basée sur la compétence crée une légitimité reconnue par l'ensemble de l'organisation, y compris par ceux qui n'entretiennent pas de relation personnelle avec le leader. Cette légitimité diffuse facilite l'acceptation des décisions difficiles et réduit les résistances organisationnelles au changement.

Votre compréhension machiavélienne de l'autorité vous offre un cadre conceptuel pour construire une influence durable et respectée, fondée sur l'excellence de vos performances plutôt que sur la séduction de votre personnalité. Elle vous libère de l'épuisant besoin de plaire pour vous concentrer sur l'essentiel : servir efficacement les objectifs de votre organisation et de vos collaborateurs.

### 4.2.2 Gagner le respect par la compétence et la cohérence, et non par la complaisance

La transformation de la crainte respectueuse en loyauté durable exige une traduction concrète des principes machiavéliens en comportements de leadership quotidiens. Cette section vous fournit les actions spécifiques pour construire une autorité fondée sur la compétence démontrée et la cohérence exemplaire, créant ainsi les conditions d'une influence pérenne et respectée.

**1. Prendre des décisions difficiles mais justes : le protocole du leader courageux**

La capacité à prendre des décisions impopulaires mais nécessaires constitue le premier pilier du respect durable. Cette compétence distingue les véritables leaders des gestionnaires complaisants qui sacrifient l'efficacité à long terme pour préserver leur popularité immédiate.

**Actions immédiates pour développer cette compétence :**

1. **Établissez votre cadre décisionnel personnel**
    - Définissez par écrit vos trois critères non négociables pour toute décision importante : impact sur les objectifs organisationnels, équité du traitement, et durabilité de la solution
    - Gardez ce cadre accessible lors de chaque décision complexe
    - Communiquez ces critères à votre équipe pour créer la prévisibilité de vos arbitrages
2. **Pratiquez l'analyse des coûts différés**
    - Face à une décision difficile, évaluez systématiquement les coûts de l'inaction sur 6, 12 et 24 mois
    - Documentez cette analyse pour justifier vos choix auprès des parties prenantes

- Partagez cette méthode avec vos collaborateurs pour les former à la pensée stratégique

3. **Développez votre communication des décisions impopulaires**

    - Structurez vos annonces selon cette séquence : contexte stratégique, analyse des alternatives, justification de la décision, mesures d'accompagnement
    - Assumez personnellement la responsabilité de la décision sans déléguer cette communication
    - Offrez des sessions individuelles d'explication aux membres clés de l'équipe

**Exercice pratique immédiat :** Identifiez une décision que vous reportez depuis plus de deux semaines par crainte des réactions négatives. Appliquez le cadre ci-dessus et prenez cette décision dans les 48 heures. Documentez les réactions obtenues et l'évolution de votre crédibilité dans les semaines suivantes.

## 2. Tenir ses engagements de manière impeccable : la discipline de la parole donnée

La fiabilité absolue dans le respect de vos engagements transforme progressivement la perception que les autres ont de votre leadership. Cette discipline crée une prévisibilité qui rassure et une crédibilité qui influence.

**Système de gestion des engagements :**

1. **Mise en place du registre des engagements**

    - Tenez un document unique répertoriant tous vos engagements avec dates, destinataires, et spécifications précises

- Distinguez trois catégories : engagements critiques (impact organisationnel majeur), engagements importants (impact équipe), engagements de courtoisie (impact relationnel)
- Révisez ce registre chaque lundi matin et chaque mercredi après-midi

2. **Protocole de prise d'engagement**

    - Ne prenez d'engagement que si vous disposez de 120% des ressources nécessaires (temps, budget, compétences)
    - Reformulez systématiquement l'engagement pour confirmer la compréhension mutuelle
    - Proposez une date de livraison antérieure de 20% à votre estimation réelle pour créer une marge de sécurité

3. **Communication proactive sur l'avancement**

    - Informez le destinataire à 50% de l'échéance, même si tout se déroule normalement
    - Alertez immédiatement (dans les 24 heures) en cas de risque de retard identifié
    - Proposez systématiquement des solutions alternatives en cas de difficulté

**Actions de rattrapage en cas de défaillance :**

- **Reconnaissance immédiate :** Contactez la personne concernée dans les 2 heures suivant la prise de conscience du problème
- **Analyse factuelle :** Expliquez les causes sans chercher d'excuses ni reporter la responsabilité
- **Solutions compensatoires :** Proposez au minimum deux alternatives pour réparer l'impact
- **Prévention future :** Partagez les mesures mises en place pour éviter la reproduction du problème

### 3. Développer une expertise incontestable : la stratégie de la compétence visible

L'expertise reconnue constitue le socle de votre autorité naturelle. Cette compétence doit être à la fois réelle, visible, et constamment mise à jour pour maintenir sa pertinence.

**Plan de développement de l'expertise en 90 jours :**

**Semaines 1-4 : Diagnostic et cartographie de l'expertise**

1. **Auditez votre expertise actuelle**

    - Listez vos cinq domaines de compétence les plus solides
    - Évaluez votre niveau sur chacun : débutant, compétent, expert, ou référence
    - Identifiez les lacunes critiques par rapport aux attentes de votre poste

2. **Choisissez votre domaine de spécialisation prioritaire**

    - Sélectionnez le domaine où l'amélioration aura le plus d'impact sur votre crédibilité
    - Vérifiez que ce domaine correspond aux enjeux stratégiques de votre organisation
    - Définissez un objectif d'apprentissage mesurable sur 3 mois

**Semaines 5-8 : Acquisition et structuration des connaissances**

1. **Créez votre plan d'apprentissage intensif**

    - Identifiez les 3 sources de référence dans votre domaine (livres, experts, formations)
    - Planifiez 5 heures d'apprentissage par semaine sur votre agenda
    - Établissez un système de prise de notes et de synthèse de vos apprentissages

2. **Développez votre réseau d'expertise**

- Contactez 2 experts reconnus par mois pour des échanges d'apprentissage
- Participez à au moins un événement spécialisé par mois
- Rejoignez une communauté professionnelle active dans ce domaine

**Semaines 9-12 : Démonstration et application de l'expertise**

1. **Créez des occasions de démontrer votre expertise**

    - Proposez de présenter un sujet complexe lors d'une réunion d'équipe
    - Rédigez une synthèse de votre apprentissage pour votre hiérarchie
    - Offrez votre aide sur un projet nécessitant cette expertise

2. **Partagez vos connaissances de manière stratégique**

    - Mentorez un collaborateur junior sur ce sujet
    - Animez une session de formation interne
    - Contribuez à une publication ou présentation externe représentant votre organisation

## 4. Protéger son équipe face aux menaces extérieures : l'art du leadership protecteur

La protection de votre équipe face aux pressions externes, aux critiques injustifiées, et aux demandes déraisonnables crée une loyauté profonde qui transcende les fluctuations relationnelles.

**Protocole de protection de l'équipe :**

1. **Identification des menaces potentielles**

- Cartographiez mensuellement les sources de pression externe : autres services, hiérarchie, clients internes difficiles
- Évaluez l'impact de chaque menace sur la motivation et l'efficacité de votre équipe
- Anticipez les conflits prévisibles en fonction des cycles de l'organisation

2. **Stratégies de protection préventive**

   - **Filtre communicationnel** : Centralisez les demandes externes pressantes avant de les transmettre à l'équipe avec votre analyse et vos recommandations
   - **Négociation des deadlines** : Contestez systématiquement les échéances déraisonnables en proposant des alternatives réalistes
   - **Documentation des contributions** : Tenez un registre précis des réalisations de l'équipe pour contrer les critiques injustifiées

3. **Actions de protection réactive**

   - **Support public immédiat** : Défendez publiquement les membres de votre équipe lors de critiques injustifiées, quitte à traiter les problèmes réels en privé
   - **Prise de responsabilité** : Assumez personnellement les échecs de l'équipe face aux instances supérieures
   - **Redistribution du mérite** : Attribuez systématiquement les succès collectifs aux contributions individuelles de vos collaborateurs

**Exemples d'interventions protectrices :**

- Face à une demande irréaliste d'un autre service : "Je comprends l'urgence de votre besoin, mais je ne peux pas accepter que mon équipe compromette la qualité de son travail habituel. Voici les trois options réalisables que nous pouvons vous proposer."

- Lors d'une critique publique d'un collaborateur : "Je prends l'entière responsabilité de cette situation. Donnez-moi 24 heures pour analyser le problème et vous proposer une solution durable."

- En défense de votre équipe lors d'une réunion : "Les résultats de mon équipe reflètent directement la qualité de mes directives et de mes priorités. Si vous avez des préoccupations sur les performances, c'est avec moi qu'il faut les aborder."

## 5. Mesurer l'impact de votre transformation : les indicateurs de respect durable

Pour vérifier l'efficacité de votre approche, surveillez ces signaux qui révèlent l'évolution de votre autorité :

**Indicateurs comportementaux :**

- Les interruptions et contestations diminuent lors de vos interventions en réunion
- Vos recommandations sont adoptées plus rapidement et avec moins de résistance
- Les membres de votre équipe vous consultent spontanément avant de prendre des décisions importantes
- D'autres managers sollicitent votre avis sur des sujets complexes

**Indicateurs relationnels :**

- La rotation volontaire dans votre équipe diminue
- Les candidats internes postulent pour rejoindre votre service
- Votre hiérarchie vous confie des projets plus sensibles ou stratégiques
- Vos pairs cherchent votre collaboration sur leurs projets importants

L'approche machiavélienne du leadership vous permet de construire une influence fondée sur la compétence démontrée plutôt que sur la popularité éphémère. Elle vous positionne comme un leader sur lequel on peut compter dans les moments difficiles, créant ainsi les conditions d'une loyauté authentique et durable qui servira vos objectifs les plus ambitieux.

# 5. Unir pour Conquérir : Incarner la Vision et Rallier les Volontés

En 1499, Cesare Borgia se trouvait face à un défi qui aurait découragé la plupart des hommes de son époque. Fils du pape Alexandre VI, il venait d'hériter d'un territoire fragmenté en Romagne, où une dizaine de seigneurs locaux se disputaient le pouvoir dans une guerre perpétuelle qui ruinait la région et terrorisait ses habitants. Chaque ville fortifiée abritait un tyran différent, chaque vallée obéissait à des lois distinctes, chaque route était contrôlée par des bandes rivales. Cette mosaïque chaotique de micro-pouvoirs semblait impossible à unifier.

Pourtant, en moins de quatre années, Borgia avait non seulement pacifié cette région, mais en avait fait l'un des territoires les plus prospères et les mieux administrés d'Italie. Comment un homme de vingt-quatre ans était-il parvenu à transformer ce chaos en harmonie, cette division en unité ? La réponse réside dans sa compréhension profonde d'une vérité que Machiavel allait immortaliser : le pouvoir véritable ne consiste pas à dominer, mais à créer une vision si puissante qu'elle transforme des ennemis en alliés et des intérêts divergents en force collective.

### La métamorphose du conquérant en bâtisseur

L'histoire de Cesare Borgia révèle la transformation fondamentale qui distingue le simple exercice du pouvoir de sa maîtrise authentique. Dans sa première phase de conquête, Borgia avait appliqué avec brio les techniques diplomatiques et stratégiques que nous avons explorées dans les chapitres précédents : il avait analysé le terrain politique avec lucidité, forgé des alliances tactiques avec ses rivaux, manié le conflit avec calcul, et construit sa réputation de leader redoutable. Ces compétences lui avaient permis de vaincre ses adversaires et de s'emparer du pouvoir.

Mais la véritable révélation de son génie survint lorsqu'il comprit que la conquête n'était qu'un prélude. Une fois maître de ces territoires divisés, Borgia fit un choix qui surprit ses contemporains : au lieu de gouverner par la force pure, il entreprit de créer quelque chose qui n'avait jamais existé en Romagne : un État unifié, juste et prospère. Il remplaça les tyrans locaux par des administrateurs compétents, instaura un système judiciaire équitable, développa le commerce entre les villes, et protégea les routes contre le brigandage.

Cette transformation ne relevait pas de la philanthropie, mais d'une intelligence stratégique supérieure. Borgia avait saisi que le pouvoir fondé uniquement sur la contrainte demeure fragile et temporaire. Pour construire quelque chose de durable, il fallait que les gouvernés trouvent dans le nouveau système un bénéfice supérieur à ce que leur offrait l'ancien chaos. Il fallait leur donner une raison de croire en l'avenir, une vision qui transcende leurs intérêts immédiats et leurs rivalités historiques.

### La vision comme alchimie du leadership

Machiavel observa cette métamorphose avec fascination et en tira une leçon capitale pour tous les leaders : la maîtrise ultime de la diplomatie d'entreprise ne réside pas dans la capacité à manipuler les hommes, mais dans l'art de les inspirer autour d'un projet qui les dépasse. Cette alchimie particulière transforme l'énergie destructrice des conflits internes en force créatrice collective.

Dans le contexte des organisations contemporaines, cette leçon revêt une actualité saisissante. Combien de managers excellent dans l'art de naviguer les rivalités internes, de forger des alliances temporaires, de gérer les conflits ponctuels, mais échouent à créer cette dynamique collective qui transcende les egos et unit les énergies ? Ils maîtrisent les tactiques du pouvoir sans saisir sa finalité stratégique ultime.

Lors d'une mission récente avec un groupe industriel européen en difficulté, nous avons observé cette différence cruciale entre management tactique et leadership visionnaire. L'entreprise était dirigée par un PDG remarquablement habile dans l'art de la négociation interne. Il savait parfaitement identifier les rapports de force, neutraliser les oppositions, construire des coalitions pour faire adopter ses décisions. Son expertise diplomatique était indéniable, ses résultats à court terme impressionnants.

Pourtant, après trois années de ce management, l'organisation souffrait d'une fatigue profonde. Les collaborateurs se sentaient prisonniers d'un jeu politique permanent où chaque décision résultait d'un calcul tactique plutôt que d'une direction claire. Les équipes excellaient dans l'exécution des directives mais perdaient progressivement leur capacité d'innovation et d'initiative. L'entreprise fonctionnait, mais ne progressait plus.

**L'insuffisance de la maîtrise tactique**

Cette situation illustre parfaitement les limites de la diplomatie d'entreprise lorsqu'elle reste cantonnée à sa dimension tactique. Un leader peut devenir expert dans l'art de décrypter les enjeux cachés, de construire des alliances, de gérer les conflits, et de cultiver sa réputation, tout en échouant à générer cette énergie collective qui permet aux organisations d'atteindre l'excellence durable.

La raison de cet échec réside dans une compréhension incomplète de la nature humaine. Les individus peuvent accepter temporairement de participer à des jeux politiques s'ils y trouvent leur intérêt immédiat, mais ils ne donnent le meilleur d'eux-mêmes que lorsqu'ils servent une cause qui les dépasse. Cette cause peut être la création d'un produit révolutionnaire, la transformation d'un marché, la construction d'une organisation exemplaire, ou la résolution d'un défi sociétal majeur. Peu importe sa nature précise, pourvu qu'elle inspire et qu'elle mobilise.

Cesare Borgia l'avait compris intuitivement : ses sujets ne lui obéissaient pas seulement par crainte ou par intérêt, mais parce qu'ils participaient à la construction d'un ordre nouveau dont ils pouvaient être fiers. Cette fierté collective transformait leur relation au pouvoir : de subie, elle devenait choisie et assumée.

**La synthèse des compétences machiavéliennes**

Ce cinquième et dernier chapitre de notre exploration révèle ainsi la synthèse ultime des compétences que nous avons développées ensemble. La lucidité stratégique vous permet de voir clairement les enjeux et les opportunités. L'art des alliances vous donne les moyens de mobiliser les ressources nécessaires. La maîtrise du conflit vous autorise à surmonter les résistances inévitables. La construction de votre réputation vous confère l'autorité nécessaire pour être entendu et suivi.

Mais ces quatre compétences ne trouvent leur accomplissement que lorsqu'elles servent une cinquième dimension : la capacité à formuler et à incarner une vision qui transforme la contrainte en adhésion volontaire, l'obéissance en engagement, et l'intérêt en passion. Cette transformation représente le passage du manager au leader, du tacticien au stratège, du politique au visionnaire.

**L'enjeu contemporain de la vision collective**

Dans l'environnement économique français actuel, cette capacité revêt une importance particulière. Les entreprises font face à des défis inédits : transformation digitale, transition écologique, mondialisation de la concurrence, évolution des attentes sociétales, guerre des talents. Ces mutations exigent des organisations qu'elles réinventent continuellement leurs modèles, leurs processus, leurs offres.

Or, cette réinvention permanente ne peut s'accomplir que si les collaborateurs comprennent et embrassent la direction du changement. Les techniques de management traditionnelles, fondées sur la prescription et le contrôle, se révèlent insuffisantes face à la complexité et à la rapidité des évolutions requises. Seules les organisations capables de mobiliser l'intelligence collective et la créativité de leurs membres peuvent espérer prospérer durablement. Cette réalité économique rejoint exactement l'enseignement de Machiavel sur la supériorité des États fondés sur l'adhésion volontaire de leurs citoyens par rapport à ceux qui ne maintiennent l'ordre que par la contrainte. Les premiers disposent d'une résilience et d'une capacité d'adaptation infiniment supérieures aux seconds.

Les pages qui suivent vous dévoileront les secrets de cette alchimie ultime du leadership. Nous explorerons ensemble comment formuler une vision qui transcende les intérêts particuliers, comment l'ancrer dans la culture organisationnelle par les récits, les symboles et les rituels appropriés, et comment incarner personnellement les qualités qui transforment une direction proclamée en inspiration vécue.

Vous découvrirez que cette maîtrise suprême de la diplomatie d'entreprise ne constitue pas un abandon des techniques précédemment acquises, mais leur sublimation dans un art plus élevé. La lucidité stratégique devient vision prophétique, l'art des alliances se transforme en capacité de ralliement, la maîtrise du conflit évolue en force de transformation, et la réputation personnelle se mue en autorité morale.

Cette évolution vous permettra non seulement d'atteindre vos objectifs professionnels avec une efficacité décuplée, mais de laisser derrière vous des organisations plus fortes, des équipes plus épanouies, et des réalisations dont vous pourrez être durablement fier. Car tel est l'enseignement ultime de Machiavel : le pouvoir véritable ne se mesure pas à ce que l'on peut contraindre, mais à ce que l'on parvient à créer.

## 5.1 La Force Motrice de la Vision Collective

### 5.1.1 L'art de formuler un but commun qui transcende les intérêts particuliers

La vision constitue l'arme stratégique ultime du leader machiavélien, capable de transformer des adversaires en alliés et des intérêts divergents en force collective unifiée. Cette capacité à formuler un but commun transcendant les préoccupations individuelles représente la synthèse de toutes les compétences diplomatiques que nous avons explorées, leur donnant une finalité qui élève l'exercice du pouvoir de la simple tactique à l'art véritable du leadership.

**La nature stratégique de la vision selon Machiavel**

Machiavel comprenait parfaitement que les hommes acceptent plus facilement de servir une cause qui les grandit que de subir une autorité qui les diminue. Dans ses écrits sur la république romaine, il analyse comment les grands leaders de l'Antiquité parvenaient à mobiliser des énergies considérables non pas en contraignant leurs concitoyens, mais en leur proposant des projets si ambitieux et si nobles qu'ils éveillaient en eux des ressources insoupçonnées.

Cette observation révèle une vérité psychologique fondamentale : l'être humain possède un besoin intrinsèque de donner du sens à ses actions et de participer à quelque chose qui le dépasse. Lorsqu'un leader parvient à articuler une vision qui satisfait ce besoin tout en servant ses objectifs stratégiques, il accède à une forme de pouvoir incomparablement plus puissante que celle fondée sur la contrainte ou même sur l'intérêt immédiat.

La vision fonctionne comme un aimant invisible qui oriente spontanément les énergies dans la direction souhaitée. Elle transforme l'obéissance en adhésion, la participation en engagement, et l'exécution en créativité. Cette alchimie particulière explique pourquoi certains leaders parviennent à accomplir des transformations qui semblaient impossibles, tandis que d'autres, pourtant techniquement compétents, n'obtiennent que des résultats médiocres malgré tous leurs efforts.

**La mécanique de transcendance des intérêts particuliers**

Pour comprendre comment une vision transcende les intérêts particuliers, nous devons analyser la psychologie des motivations humaines dans les organisations. Chaque individu arrive dans l'entreprise avec ses propres objectifs : progression de carrière, sécurité financière, reconnaissance sociale, épanouissement personnel. Ces motivations individuelles créent naturellement des tensions et des concurrences qui fragmentent l'énergie collective.

La vision efficace ne nie pas ces intérêts individuels, mais les transforme en créant un cadre supérieur où chacun peut voir comment ses aspirations personnelles s'accomplissent en servant le projet commun. Cette transformation s'opère par un mécanisme que nous pourrions appeler "l'élévation par l'inclusion" : la vision montre à chaque participant comment sa contribution unique au projet collectif lui permet d'atteindre ses objectifs personnels d'une manière plus riche et plus durable que s'il les poursuivait isolément.

Prenons l'exemple d'une entreprise européenne du secteur des technologies propres que nous avons accompagnée. L'organisation était paralysée par des rivalités entre les équipes de recherche, de production, et de commercialisation. Chaque service défendait ses prérogatives et ses budgets, créant une inefficacité générale qui menaçait la survie de l'entreprise.

Le directeur général nouvellement nommé a transformé cette situation en formulant une vision qui transcendait ces querelles intestines : "Devenir l'entreprise européenne de référence pour les solutions énergétiques de demain, en créant des technologies qui réduisent de moitié l'empreinte carbone de nos clients d'ici cinq ans." Cette vision n'éliminait pas les intérêts de chaque service, mais les réorganisait autour d'un objectif supérieur où chacun trouvait une mission valorisante et des opportunités de développement exceptionnelles.

## Les quatre caractéristiques essentielles de la vision mobilisatrice

L'analyse des visions qui ont réellement transformé des organisations révèle quatre caractéristiques invariantes qui déterminent leur efficacité stratégique.

### Première caractéristique : la simplicité conceptuelle

Une vision efficace doit pouvoir être comprise et retenue par n'importe quel membre de l'organisation, quel que soit son niveau de formation ou de responsabilité. Cette simplicité ne résulte pas d'un appauvrissement de l'idée, mais de sa distillation jusqu'à son essence la plus pure. Elle permet à chacun de s'approprier la vision et de l'expliquer à d'autres, créant ainsi un effet de démultiplication naturelle.

La simplicité facilite également la prise de décision au quotidien. Face à un choix difficile, chaque collaborateur peut se demander : "Quelle option sert le mieux notre vision ?" Cette boussole interne réduit considérablement le besoin de contrôle hiérarchique et accélère les processus décisionnels.

### Deuxième caractéristique : la force inspirante

La dimension inspirante d'une vision ne relève pas de l'émotionnel gratuit, mais de sa capacité à révéler le potentiel latent de l'organisation et de ses membres. Elle montre concrètement comment le projet commun permettra d'accomplir des réalisations impossibles à atteindre individuellement.

Cette inspiration naît de l'ambition mesurée : suffisamment audacieuse pour stimuler l'imagination et mobiliser les énergies, mais suffisamment réaliste pour demeurer crédible. L'art consiste à situer la vision dans cette zone optimale où elle challenge les capacités existantes tout en restant accessible avec les efforts appropriés.

**Troisième caractéristique : la crédibilité factuelle**

Une vision doit s'ancrer dans une compréhension solide des réalités du marché, des capacités de l'organisation, et des tendances de l'environnement. Cette crédibilité se construit par la démonstration que les moyens nécessaires à la réalisation de la vision existent ou peuvent être développés de manière réaliste.

La crédibilité s'établit aussi par la cohérence entre la vision proclamée et les décisions prises au quotidien. Chaque choix budgétaire, chaque recrutement, chaque priorité stratégique doit renforcer la plausibilité de la vision. Cette cohérence transforme progressivement les sceptiques en partisans.

**Quatrième caractéristique : le pouvoir mobilisateur**

Une vision véritablement mobilisatrice indique clairement le rôle que chacun peut jouer dans sa réalisation. Elle transforme les descriptions de poste abstraites en missions concrètes orientées vers un résultat collectif tangible. Cette précision permet à chaque individu de mesurer sa contribution et d'évaluer ses progrès.

Le pouvoir mobilisateur s'exprime également par la capacité de la vision à générer de l'initiative spontanée. Lorsque les collaborateurs commencent à proposer d'eux-mêmes des idées et des projets qui servent la vision, celle-ci a atteint sa maturité stratégique.

**L'art de la formulation stratégique**

La formulation d'une vision transcendante exige une maîtrise particulière du langage et une compréhension fine des ressorts psychologiques qui motivent l'engagement humain. Le choix des mots, la structure des phrases, et le rythme du discours contribuent tous à créer cette résonance qui transforme une déclaration d'intention en force motrice collective.

Les visions les plus efficaces combinent trois éléments linguistiques : un verbe d'action qui évoque le mouvement et la transformation, un complément qui précise l'ambition spécifique de l'organisation, et un bénéficiaire clairement identifié qui donne du sens à l'effort collectif. Cette structure simple permet de créer des formulations mémorables qui résistent à l'usure du temps.

L'efficacité de la formulation se mesure également à sa capacité d'adaptation aux différents publics de l'organisation. La même vision doit pouvoir être déclinée pour motiver les équipes techniques, convaincre les investisseurs, rassurer les clients, et attirer les talents. Cette plasticité communicationnelle transforme la vision en outil polyvalent de leadership.

**L'impact sur les dynamiques organisationnelles**

Lorsqu'une vision atteint sa pleine efficacité, elle produit des transformations profondes dans le fonctionnement quotidien de l'organisation. Les conflits internes diminuent naturellement car les différents services comprennent comment leur collaboration sert un objectif supérieur commun. Les résistances au changement s'atténuent car les évolutions nécessaires apparaissent comme des étapes logiques vers la réalisation de la vision.

Cette transformation s'observe particulièrement dans les processus de prise de décision. Au lieu de défendre systématiquement leurs intérêts sectoriels, les managers apprennent à évaluer les options en fonction de leur contribution à la vision commune. Cette évolution des critères décisionnels accélère considérablement l'adaptation de l'organisation aux évolutions de son environnement.

La vision efficace crée aussi un effet d'attraction sur l'environnement externe de l'organisation. Les partenaires potentiels, les clients exigeants, et les talents remarquables sont naturellement attirés par les organisations qui portent des projets clairs et ambitieux. Cette attractivité facilite le développement de l'écosystème stratégique nécessaire à la réalisation des objectifs.

Maîtriser l'art de formuler une vision transcendante vous donne accès à la forme la plus raffinée du leadership machiavélien : celle qui transforme l'exercice du pouvoir en création de valeur collective, et qui fait de vous non plus seulement un dirigeant efficace, mais un bâtisseur d'avenir.

### 5.1.2 Utiliser les récits, les symboles et les rituels pour ancrer la vision dans la culture

L'histoire de Laurent de Médicis offre l'un des exemples les plus saisissants de la transformation d'une vision abstraite en réalité culturelle tangible. Lorsqu'il accède au pouvoir à Florence en 1469, Laurent hérite d'une cité divisée par les factions, menacée par les puissances rivales, et affaiblie par des décennies de conflits internes. Sa vision, faire de Florence le joyau intellectuel et artistique de l'Europe, aurait pu demeurer une noble intention sans lendemain.

Pourtant, en moins de vingt ans, Laurent transforme cette aspiration en réalité vivante qui imprègne chaque aspect de la société florentine. Sa méthode révèle comment les leaders visionnaires donnent corps à leurs ambitions par une orchestration minutieuse des récits, des symboles, et des rituels qui façonnent progressivement l'identité collective.

**Le pouvoir transformateur du récit fondateur**

Laurent comprend que sa vision de grandeur culturelle doit s'enraciner dans l'imaginaire collectif par des histoires qui donnent du sens au projet commun. Il ne se contente pas de proclamer que Florence doit devenir le centre artistique de l'Europe, il raconte comment cette destinée s'inscrit dans la continuité glorieuse de l'héritage antique.

Les récits qu'il développe et diffuse transforment chaque Florentin en héritier d'une mission civilisatrice. Laurent fait ressusciter les légendes de la Rome antique pour les adapter à Florence, créant une mythologie moderne où chaque artisan, chaque marchand, chaque noble participe à une renaissance qui dépasse leurs intérêts individuels. Ces histoires ne relèvent pas de la propagande, mais de la création d'un sens partagé qui unifie les énergies dispersées.

Cette leçon trouve un écho puissant dans l'expérience d'une entreprise européenne du secteur spatial que nous avons conseillée. L'organisation, composée d'ingénieurs brillants mais individualistes, peinait à transformer ses innovations techniques en succès commercial cohérent. Le directeur général nouvellement nommé a résolu ce défi en créant un récit fondateur qui transformait chaque projet technique en chapitre d'une épopée moderne.

Au lieu de présenter l'entreprise comme un simple fournisseur de composants spatiaux, il a développé le narratif de "l'exploration spatiale européenne autonome". Chaque satellite lancé, chaque mission réussie, chaque innovation devenait un pas vers l'indépendance stratégique européenne dans l'espace. Ce récit a transformé des ingénieurs soucieux de leurs spécialisations techniques en pionniers d'une aventure collective, créant une motivation qui transcendait les objectifs de carrière individuels.

**La puissance symbolique comme marqueur d'identité**

Laurent de Médicis maîtrise également l'art des symboles tangibles qui rendent sa vision visible dans le quotidien des Florentins. Il ne se contente pas de financer des œuvres d'art, il orchestre une transformation symbolique complète de l'espace urbain. Les palais qu'il fait construire, les jardins qu'il aménage, les festivités qu'il organise créent un environnement physique qui rappelle constamment aux habitants leur participation à un projet exceptionnel.

Le plus remarquable réside dans sa capacité à faire des symboles artistiques des marqueurs d'appartenance collective. Lorsqu'un Florentin contemple les fresques de Botticelli ou les sculptures de Donatello, il ne voit pas seulement des œuvres d'art, mais la preuve tangible que sa cité accomplit quelque chose d'unique au monde. Ces symboles fonctionnent comme des miroirs qui renvoient aux Florentins une image grandie d'eux-mêmes et de leur mission commune.

Cette approche trouve sa traduction moderne dans l'exemple d'un groupe industriel français spécialisé dans les énergies renouvelables. Face à la concurrence internationale et aux défis de la transition énergétique, l'entreprise risquait de perdre son identité dans un marché en rapide consolidation.

Le comité de direction a décidé de matérialiser sa vision de "pionnier français de l'énergie propre" par une série de symboles stratégiquement déployés. Le siège social a été transformé en vitrine technologique où chaque visiteur découvre immédiatement l'ambition de l'entreprise. Les noms des projets ont été repensés pour évoquer l'innovation et l'excellence française : "Mistral" pour les éoliennes, "Soleil de France" pour le photovoltaïque, "Horizon Bleu" pour l'hydrogène.

Plus subtil encore, l'entreprise a créé un logo évolutif qui s'enrichit à chaque innovation majeure, transformant l'identité visuelle en récit permanent des progrès accomplis. Ces symboles ont progressivement modifié la perception que les collaborateurs avaient de leur travail, passant du statut d'employés d'une entreprise industrielle à celui d'acteurs d'une révolution énergétique française.

**Les rituels comme rythmes de l'engagement collectif**

Laurent de Médicis démontre enfin comment les rituels collectifs transforment une vision en expérience partagée qui soude durablement les communautés. Les célébrations qu'il organise ne servent pas seulement au divertissement, elles créent des moments où chaque Florentin éprouve concrètement son appartenance au projet collectif.

Les festivités des Médicis suivent une dramaturgie précise qui réactive régulièrement l'adhésion à la vision commune. Chaque fête célèbre les réalisations accomplies tout en révélant les ambitions à venir, maintenant ainsi la dynamique d'engagement. Les artistes, les artisans, les marchands, les nobles participent ensemble à ces rituels qui dissolvent temporairement les hiérarchies pour réaffirmer l'unité autour de la mission partagée.

Cette dimension rituelle du leadership trouve une application remarquable dans l'expérience d'une entreprise de conseil française confrontée à la croissance rapide et à l'éparpillement géographique de ses équipes. La préservation de la culture d'excellence et d'innovation devenait problématique avec l'expansion.

La direction a instauré un système de rituels sophistiqué qui rythme l'année de l'entreprise et maintient vivante la vision de "référence européenne du conseil stratégique". Chaque trimestre, la "Semaine de l'Excellence" réunit virtuellement et physiquement toutes les équipes pour partager les innovations méthodologiques, célébrer les succès clients, et réaffirmer les standards de qualité.

Plus original encore, l'entreprise a créé le "Rituel du Passage" pour chaque nouveau consultant, cérémonie de trois jours où la vision, les valeurs, et les méthodes de l'entreprise sont transmises par les seniors dans un cadre solennel qui marque l'entrée dans la communauté. Ces rituels ont permis de maintenir la cohésion culturelle malgré la croissance géographique et la diversification des activités.

**L'orchestration stratégique des trois dimensions**

L'analyse de ces exemples révèle que l'efficacité maximale s'atteint lorsque récits, symboles, et rituels s'orchestrent dans une cohérence stratégique parfaite. Laurent de Médicis ne juxtapose pas ces éléments, il les fait converger vers le même objectif : transformer l'identité collective des Florentins pour qu'ils deviennent naturellement les acteurs de sa vision.

Cette orchestration exige une compréhension fine de la psychologie collective et une patience stratégique qui s'étend sur plusieurs années. Les récits plantent les graines de la nouvelle identité, les symboles la rendent visible et désirable, les rituels l'ancrent dans l'expérience quotidienne. Cette progression transforme graduellement la vision du leader en évidence partagée par l'ensemble de l'organisation.

L'entreprise spatiale européenne illustre parfaitement cette orchestration moderne. Le récit de l'indépendance spatiale européenne se matérialise dans des symboles concrets : centres d'excellence baptisés du nom d'astronautes européens, trophées internes qui célèbrent les "Exploits Spatiaux Européens", partenariats affichés avec les agences spatiales nationales.

Ces symboles prennent vie dans des rituels réguliers : la "Journée de l'Espace Européen" qui réunit chaque année l'ensemble des équipes, les "Briefings Mission" trimestriels où chaque projet est présenté dans le contexte de la stratégie européenne, les cérémonies de lancement qui transforment chaque succès technique en victoire collective.

**L'effet multiplicateur sur la performance organisationnelle**

Cette alchimie culturelle produit des effets mesurables sur la performance organisationnelle qui dépassent largement les bénéfices attendus d'une simple communication interne. Lorsque les collaborateurs intériorisent véritablement la vision par ces trois vecteurs complémentaires, leur relation au travail se transforme fondamentalement. Les décisions quotidiennes s'alignent spontanément sur les objectifs stratégiques car chacun comprend intuitivement comment ses actions particulières servent le projet commun. L'innovation s'accélère car les équipes cherchent activement les moyens de mieux incarner la vision partagée. La résistance au changement diminue car les évolutions apparaissent comme des étapes logiques dans la réalisation de la mission collective.

L'entreprise d'énergies renouvelables témoigne de ces transformations : les délais de développement de nouveaux produits ont été réduits de 30%, le taux de rétention des talents a progressé significativement, et l'entreprise attire désormais spontanément les partenariats stratégiques qui accélèrent sa croissance.

Cette méthode machiavélienne vous offre les clés pour transformer vos aspirations managériales en réalité culturelle vivante, créant les conditions d'un engagement authentique qui démultiplie naturellement vos capacités d'influence et de réalisation.

## 5.2 Le Leadership par l'Exemple (Virtù)

### 5.2.1 Incarner les qualités de courage, d'audace et de résilience face à l'incertitude (Fortuna)

La *virtù* machiavélienne représente bien plus qu'une simple vertu morale ; elle constitue la synthèse active de toutes les compétences stratégiques que nous avons explorées, transformée en force d'inspiration personnelle qui élève le leader au-delà du simple gestionnaire pour en faire un véritable architecte du destin collectif. Cette qualité suprême unifie la lucidité stratégique, la diplomatie des alliances, la maîtrise du conflit, la construction de l'influence, et l'incarnation de la vision en une capacité d'action qui transforme l'incertitude en opportunité et l'adversité en tremplin vers la grandeur.

**La *virtù* comme convergence des maîtrises stratégiques**

Machiavel conçoit la *virtù* comme l'art de mobiliser simultanément toutes les dimensions du leadership dans l'action décisive. Cette synthèse ne résulte pas d'une addition mécanique des compétences acquises, mais de leur fusion alchimique en une capacité d'action supérieure qui transcende la somme de ses parties. Le leader qui maîtrise la *virtù* ne se contente pas d'appliquer successivement les techniques diplomatiques apprises ; il les orchestre dans un mouvement unifié qui révèle sa personnalité stratégique authentique.

Cette intégration transforme chaque compétence particulière en manifestation d'une excellence globale. La lucidité stratégique devient intuition visionnaire, l'art des alliances se mue en magnétisme naturel, la maîtrise du conflit évolue en autorité paisible, la construction de l'influence se transforme en rayonnement spontané, et la vision collective devient mission personnelle incarnée. Cette métamorphose explique pourquoi certains leaders parviennent à accomplir des transformations qui semblaient impossibles à leurs contemporains.

L'exemple de Cesare Borgia illustre parfaitement cette synthèse en action. Lorsqu'il entreprend la pacification de la Romagne, Borgia ne se contente pas d'appliquer isolément les principes stratégiques de son époque. Il combine simultanément l'analyse fine des rapports de force locaux, la construction d'alliances avec les puissances rivales, l'usage calculé de la force pour éliminer les obstacles majeurs, la création d'une réputation de justice qui rallie les populations, et la projection d'une vision unificatrice qui donne du sens à ses actions. Cette orchestration transforme un conquérant en bâtisseur d'État.

### Le courage stratégique comme fondement de l'action

Le courage selon Machiavel diffère radicalement de la bravoure impulsive ou de l'audace irréfléchie. Il s'agit d'une détermination lucide qui permet au leader d'agir malgré l'incertitude, en acceptant pleinement les risques calculés nécessaires à la réalisation de sa vision. Ce courage stratégique se nourrit de la confiance que donne la maîtrise des autres dimensions du leadership, créant une assurance qui inspire naturellement la confiance chez les autres.

Cette forme de courage se manifeste particulièrement dans la capacité à prendre des décisions irréversibles dans des contextes ambigus. Le leader doté de *virtù* comprend que l'attente de certitudes complètes conduit à la paralysie stratégique. Il développe donc une aptitude à agir sur la base d'informations partielles, en s'appuyant sur sa compréhension des dynamiques humaines et sa capacité d'adaptation rapide aux évolutions de situation.

Dans le contexte contemporain des entreprises françaises, cette qualité se révèle déterminante face aux défis de la transformation digitale et de la mondialisation. Un dirigeant d'un groupe de distribution européen a récemment démontré cette forme de courage en décidant de fermer simultanément 40% de ses points de vente physiques pour investir massivement dans le commerce en ligne, malgré les incertitudes sur l'évolution des comportements de consommation. Cette décision, prise avant que les tendances ne deviennent évidentes pour tous, lui a permis de devancer ses concurrents et de transformer une crise potentielle en avantage concurrentiel durable.

**L'audace comme dépassement des conventions limitantes**

L'audace machiavélienne ne consiste pas à ignorer les règles, mais à les transcender lorsqu'elles deviennent des obstacles à la réalisation d'un bien supérieur. Cette qualité permet au leader de briser les cadres mentaux qui enferment ses contemporains dans l'inefficacité ou la médiocrité. L'audace véritable naît de la combinaison entre une vision claire de ce qui doit être accompli et une maîtrise suffisante des leviers d'action pour réaliser l'apparemment impossible.

Cette dimension se manifeste par la capacité à proposer des solutions que personne n'envisageait, à créer des coalitions improbables, à transformer des adversaires en alliés, et à découvrir des opportunités là où d'autres ne voient que des obstacles. L'audace stratégique révèle souvent des ressources cachées dans l'organisation et mobilise des énergies qui demeuraient latentes.

Machiavel admire particulièrement cette qualité chez Francesco Sforza, qui parvient à conquérir le duché de Milan non pas par la force brute, mais par une série d'alliances audacieuses qui transforment progressivement ses ennemis en soutiens. Sforza comprend que l'audace véritable réside dans la capacité à redéfinir les termes du jeu plutôt que de simplement mieux jouer selon les règles existantes.

Un exemple contemporain illustre cette approche : le PDG d'une entreprise française de biotechnologies a récemment créé une alliance inédite entre son entreprise, un groupe pharmaceutique concurrent, et une startup d'intelligence artificielle pour développer conjointement une plateforme de recherche partagée.

Cette audace a permis de réduire les coûts de recherche de 60% pour chaque partenaire tout en accélérant considérablement le développement de nouveaux traitements.

**La résilience face aux coups de la *fortuna***

Machiavel conceptualise la *fortuna* comme la dimension imprévisible de l'existence humaine : les événements externes qui échappent au contrôle direct du leader mais qui peuvent ruiner les plus beaux projets. La *virtù* se mesure précisément à la capacité de résister à ces coups du sort, non pas en les subissant passivement, mais en les transformant en occasions de démontrer sa supériorité stratégique. La résilience active exige une forme particulière de préparation mentale et organisationnelle. Le leader doté de *virtù* anticipe l'imprévisible en développant des capacités d'adaptation rapide plutôt qu'en élaborant des plans détaillés pour tous les scénarios possibles. Il cultive une flexibilité stratégique qui lui permet de saisir les opportunités cachées dans les crises apparentes.

La résilience machiavélienne se distingue de la simple résistance passive par sa dimension créative. Face à l'adversité, le leader transforme les contraintes en ressources, les obstacles en tremplins, et les menaces en occasions d'innovation. Cette alchimie particulière fascine les observateurs et inspire une confiance profonde chez les collaborateurs qui découvrent dans leur leader une capacité apparemment miraculeuse à transformer les situations les plus difficiles en victoires inattendues.

**L'incarnation personnelle comme source d'inspiration collective**

La *virtù* ne peut s'enseigner par des discours ou des formations ; elle ne se transmet que par l'exemple vécu. Le leader qui incarne authentiquement ces qualités devient naturellement un modèle qui éveille chez ses collaborateurs le désir de développer leurs propres capacités d'excellence. Cette inspiration ne résulte pas d'un effort conscient de motivation, mais de la démonstration quotidienne qu'un niveau supérieur d'action et de réflexion demeure accessible à l'être humain.

L'exemplarité transforme l'organisation en école pratique de développement personnel et professionnel. Les collaborateurs apprennent par osmose à analyser plus finement les situations complexes, à construire des relations plus solides, à gérer les conflits avec plus de subtilité, à cultiver leur propre influence, et à contribuer activement à la réalisation de la vision collective.

L'effet multiplicateur de cette inspiration dépasse largement les bénéfices directs de l'action du leader. Une organisation dirigée par un leader doté de *virtù* développe progressivement une culture d'excellence qui perdure au-delà de la présence de son inspirateur initial. Cette pérennité constitue la véritable mesure de la réussite machiavélienne : avoir créé les conditions d'une grandeur collective qui transcende les personnes particulières.

**La synthèse dynamique des opposés**

L'analyse approfondie de la *virtù* révèle sa capacité unique à synthétiser des qualités apparemment contradictoires en une personnalité leadership cohérente et puissante. Le leader doté de *virtù* combine la prudence et l'audace, la fermeté et la flexibilité, la lucidité et l'inspiration, l'action et la réflexion, l'ambition personnelle et le service du bien commun.

Cette synthèse ne résulte pas d'un compromis affaiblissant entre des extrêmes, mais de leur dépassement dans une forme supérieure d'action qui mobilise chaque qualité au moment approprié et dans la mesure exacte qu'exige la situation. Cette maîtrise des nuances et des dosages distingue le véritable leader du simple exécutant de techniques managériales.

Vous possédez désormais les clés pour développer votre propre *virtù* en intégrant consciemment les différentes dimensions de la diplomatie d'entreprise que nous avons explorées, transformant ainsi votre potentiel de leadership en force d'inspiration qui élèvera naturellement votre organisation vers l'excellence durable qu'elle mérite d'atteindre.

### 5.2.2 Prendre les décisions audacieuses qui prouvent sa légitimité à diriger

Le moment est venu de passer de la théorie à l'action. Toutes les compétences que nous avons explorées ensemble, de la lucidité stratégique à l'incarnation de la vision, convergent vers cet instant décisif où vous devez démontrer votre capacité de leadership par une décision audacieuse qui marquera votre organisation et affirmera votre légitimité à diriger.

**Étape 1 : Diagnostic de votre position stratégique actuelle**

Avant d'identifier la décision audacieuse qui transformera votre leadership, vous devez évaluer avec précision votre situation présente et les opportunités qui s'offrent à vous.

Posez-vous ces questions fondamentales :

- **Quelle perception vos collaborateurs ont-ils actuellement de votre leadership ?** Êtes-vous perçu comme un gestionnaire compétent, un diplomate habile, ou un leader visionnaire ? Cette distinction détermine le type d'action audacieuse qui renforcera votre position.

- **Quel défi stratégique majeur votre organisation évite-t-elle depuis trop longtemps ?** Identifiez le problème que vos prédécesseurs ou collègues n'ont pas osé affronter, la transformation nécessaire qui reste en suspens, la décision difficile qui pourrait transformer la trajectoire de l'entreprise.

- **Quelles ressources et alliances pouvez-vous mobiliser ?** Recensez vos soutiens solides, vos coalitions potentielles, et les leviers d'influence à votre disposition. Une décision audacieuse réussie s'appuie toujours sur une base de pouvoir soigneusement construite.

- **Quel timing vous offrira le maximum d'impact ?** Recherchez les fenêtres d'opportunité : restructuration en cours, changement de direction, crise externe, évolution réglementaire, ou tout événement qui crée une ouverture pour l'action décisive.

### Étape 2 : Identification de votre décision audacieuse

Utilisez cette grille d'analyse pour identifier la décision qui démontrera le mieux votre *virtù* machiavélienne :

**Critère de l'impact organisationnel** Votre décision doit créer une transformation visible et mesurable. Évitez les ajustements mineurs ou les améliorations progressives. Recherchez l'action qui modifie fondamentalement la façon dont votre organisation fonctionne, se positionne, ou évolue.

Questions de validation :

- Cette décision changera-t-elle la perception externe de notre organisation ?
- Les collaborateurs ressentiront-ils concrètement cette transformation dans leur quotidien ?
- Cette action nous distinguera-t-elle clairement de nos concurrents ?

**Critère du courage personnel requis** La décision audacieuse vous sort nécessairement de votre zone de confort et vous expose à des risques calculés. Elle révèle votre caractère et votre détermination face à l'adversité.

Questions de validation :

- Cette décision me demande-t-elle de surmonter des peurs personnelles légitimes ?
- Suis-je prêt à assumer personnellement les conséquences de cette action ?
- Cette décision révélera-t-elle des qualités de leadership que mes collaborateurs n'ont pas encore vues ?

**Critère de l'alignement avec votre vision** Votre action audacieuse doit incarner concrètement la vision que vous portez pour l'organisation. Elle transforme vos aspirations en réalité tangible.

Questions de validation :

- Cette décision illustre-t-elle parfaitement la direction que je veux imprimer à l'organisation ?
- Les collaborateurs comprendront-ils immédiatement le lien entre cette action et notre ambition collective ?
- Cette décision accélère-t-elle significativement la réalisation de notre vision ?

### Étape 3 : Planification stratégique de votre action

Une fois votre décision identifiée, élaborez votre plan d'exécution selon la méthode machiavélienne :

#### Phase de préparation diplomatique

1. **Sécurisez vos alliances critiques** : Informez discrètement vos soutiens les plus fiables de votre intention. Obtenez leur engagement avant l'annonce publique. Cette base de soutien vous protégera contre les réactions négatives initiales.

2. **Neutralisez les oppositions prévisibles** : Identifiez les acteurs qui pourraient contester votre décision. Utilisez les techniques diplomatiques apprises pour les isoler ou les

rallier avant qu'ils ne puissent organiser une résistance efficace.

3. **Préparez votre communication** : Rédigez les messages clés qui expliqueront votre décision. Adaptez votre discours aux différents publics : équipes, direction, partenaires externes. Chaque message doit démontrer la logique stratégique et les bénéfices de votre action.

**Phase d'exécution décisive**

1. **Choisissez le moment optimal** : Lancez votre action quand vous disposez de la meilleure fenêtre d'opportunité et du maximum de soutiens. Évitez les périodes de turbulence qui pourraient diluer l'impact de votre décision.

2. **Communiquez avec autorité** : Annoncez votre décision de manière claire, ferme, et définitive. Démontrez votre conviction absolue dans la justesse de votre choix. L'hésitation ou l'ambiguïté mineraient immédiatement votre crédibilité.

3. **Assumez pleinement la responsabilité** : Présentez-vous comme le seul responsable de cette décision. Cette prise de responsabilité totale renforce votre stature de leader et rassure vos collaborateurs sur votre engagement.

**Étape 4 : Mise en pratique immédiate**

Passez maintenant à l'action concrète avec ces exercices pratiques :

**Exercice de clarification stratégique**

Rédigez en une page maximum votre analyse de la situation actuelle de votre organisation et de la décision audacieuse que vous allez prendre. Cette rédaction vous forcera à clarifier votre pensée et à tester la solidité de votre raisonnement.

Structure recommandée :

- Diagnostic de la situation actuelle (3 phrases maximum)
- Décision audacieuse envisagée (1 phrase claire et précise)
- Justification stratégique (3 arguments principaux)
- Impact attendu (résultats mesurables à 6 mois)

**Exercice de cartographie des réactions**

Créez un tableau en trois colonnes recensant les acteurs clés de votre environnement :

- **Soutiens probables** : Ceux qui approuveront immédiatement votre décision
- **Opposants prévisibles** : Ceux qui résisteront à votre action
- **Neutres influençables** : Ceux dont la réaction dépendra de votre communication

Pour chaque acteur, notez la stratégie d'approche appropriée et le message adapté à ses préoccupations spécifiques.

**Exercice de préparation à l'adversité**

Listez les trois principales objections qui pourraient être soulevées contre votre décision. Pour chacune, préparez une réponse factuelle et convaincante qui démontre que vous avez anticipé ces difficultés et que vous maîtrisez les solutions appropriées.

### Étape 5 : Engagement personnel et calendrier d'action

Votre transformation en leader machiavélien s'achève par un engagement ferme et un calendrier précis :

**Votre engagement de leader**

Rédigez et signez personnellement cette déclaration d'intention :

"Je, [votre nom], m'engage à prendre dans les [délai que vous fixez] la décision audacieuse suivante : [description précise de votre action]. Je prends l'entière responsabilité des conséquences de cette décision et j'accepte qu'elle serve de mesure de ma légitimité à diriger cette organisation."

**Votre calendrier d'exécution**

Fixez des dates précises pour chaque étape :

- Date limite pour finaliser votre préparation diplomatique
- Date d'annonce de votre décision
- Date de début de mise en œuvre
- Date d'évaluation des premiers résultats

Cette décision marquera le passage définitif de votre statut de manager à celui de leader authentique. Elle créera un précédent dans votre organisation : désormais, vos collaborateurs sauront que vous possédez le courage de prendre les décisions difficiles nécessaires au succès collectif.

Votre action audacieuse deviendra le récit fondateur de votre leadership, l'histoire que raconteront vos collaborateurs pour expliquer pourquoi ils vous font confiance et vous suivent. Elle prouvera que vous incarnez les principes machiavéliens que nous avons explorés ensemble : lucidité, diplomatie, courage, et vision.

Le moment est venu de franchir ce seuil décisif. Votre organisation attend un leader capable de prendre les décisions audacieuses qui dessineront son avenir. Vous possédez désormais tous les outils pour devenir ce leader.

L'action vous attend.

# Conclusion

Nous voici arrivés au terme d'un voyage transformationnel qui vous a menés des illusions managériales modernes à la maîtrise de la diplomatie d'entreprise selon les préceptes intemporels de Machiavel. Cette exploration vous a dotés d'une nouvelle grille de lecture du pouvoir et des relations humaines dans l'organisation, vous permettant de passer d'une posture réactive et naïve à une approche proactive, lucide et stratégiquement efficace.

### La Synthèse de votre transformation : de l'idéalisme à la maîtrise stratégique

Le parcours que nous avons accompli ensemble illustre un changement de paradigme fondamental dans votre conception du leadership. Vous avez abandonné la croyance selon laquelle la transparence totale et la collaboration pure suffisent à garantir le succès organisationnel. Cette évolution vous libère des frustrations stériles nées de l'incompréhension des dynamiques de pouvoir pour vous ouvrir les portes d'une influence authentique et durable.

Votre première transformation concerne votre rapport à la réalité organisationnelle. Grâce au principe de la *verità effettuale*, vous savez désormais distinguer les discours officiels des motivations réelles, analyser les non-dits, et identifier les véritables bénéficiaires de chaque décision. Cette lucidité vous protège des manipulations et vous permet de fonder vos stratégies sur des bases solides plutôt que sur des espoirs naïfs.

Votre seconde évolution porte sur votre capacité d'analyse stratégique. La cartographie du pouvoir que vous maîtrisez maintenant révèle les centres de décision informels, les réseaux d'influence cachés, et les leviers d'action méconnus. Cette vision panoramique vous confère un avantage décisif sur ceux qui se contentent de l'organigramme officiel pour naviguer l'organisation.

Votre troisième métamorphose concerne l'art des alliances. Vous avez appris à transformer les rivalités en coopérations stratégiques en identifiant les intérêts mutuels et en formulant des propositions de valeur irrésistibles. Cette compétence vous permet de constituer des coalitions puissantes qui démultiplient votre capacité d'action et neutralisent les oppositions.

Votre quatrième acquisition touche à la maîtrise du conflit. Loin de fuir les confrontations, vous savez désormais les utiliser comme des outils de clarification et d'affirmation de votre autorité. Le timing, l'intensité, et la communication de vos actions décisives vous permettent de restaurer l'ordre durablement plutôt que de multiplier les demi-mesures inefficaces.

Votre cinquième développement porte sur la construction stratégique de votre réputation. Vous comprenez maintenant comment aligner vos actions sur l'image que vous souhaitez projeter, comment communiquer pour sculpter les perceptions, et comment gagner le respect par la compétence plutôt que par la complaisance.

Votre sixième et dernière transformation concerne l'incarnation de votre vision. Vous savez formuler des buts communs qui transcendent les intérêts particuliers, utiliser les récits et les symboles pour ancrer votre vision dans la culture, et prendre les décisions audacieuses qui prouvent votre légitimité à diriger.

## Les compétences machiavéliennes : votre nouvel arsenal stratégique

Cette synthèse révèle l'ampleur de votre arsenal stratégique renouvelé. Chaque compétence acquise se renforce mutuellement pour créer une capacité de leadership supérieure à la somme de ses parties.

**La lucidité stratégique** vous immunise contre les illusions et vous permet de fonder vos décisions sur une analyse implacable de la réalité. Cette base solide soutient toutes vos autres actions diplomatiques.

**L'art des alliances** transforme votre environnement professionnel en réseau de soutiens mutuels. Chaque relation devient une ressource stratégique qui accroît votre capacité d'influence et votre résilience face aux défis.

**La maîtrise du conflit** vous donne le courage d'affronter les situations difficiles avec la certitude de pouvoir les résoudre à votre avantage. Cette assurance transparaît dans toutes vos interactions et renforce naturellement votre autorité.

**La construction de réputation** vous protège contre les attaques et amplifie l'impact de vos actions. Votre image devient un multiplicateur de force qui facilite l'obtention de vos objectifs.

**L'incarnation de vision** unifie toutes vos compétences dans un projet mobilisateur qui donne du sens à votre leadership et inspire l'engagement authentique de vos collaborateurs.

L'intégration des compétences machiavéliennes vous place dans une position de force inédite. Vous possédez désormais les clés d'une diplomatie d'entreprise qui allie efficacité tactique et noblesse stratégique.

Cette maîtrise diplomatique transforme radicalement votre quotidien professionnel et les opportunités qui s'offrent à vous.

Votre nouvelle expertise redéfinit votre rapport au pouvoir, aux autres, et à votre propre potentiel de leadership.

**Dans vos négociations quotidiennes**, vous abordez désormais chaque discussion avec une compréhension fine des motivations de vos interlocuteurs et des leviers psychologiques qui influencent leurs décisions. Cette préparation stratégique vous permet d'obtenir des accords plus favorables tout en préservant les relations à long terme. Vos collègues remarquent votre capacité nouvelle à dénouer les situations complexes et à trouver des solutions créatives aux problèmes apparemment insolubles.

**Dans la gestion de vos équipes**, vous exercez une autorité naturelle qui naît de votre compétence reconnue et de votre cohérence irréprochable. Vos collaborateurs vous respectent non pas par crainte, mais par confiance dans votre capacité à les mener vers le succès. Cette loyauté authentique crée un environnement de travail plus productif et plus épanouissant pour tous.

**Dans vos relations avec la hiérarchie**, vous vous positionnez comme un conseiller stratégique dont l'analyse et les recommandations sont recherchées. Votre réputation de lucidité et d'efficacité vous ouvre l'accès aux cercles décisionnels et vous permet d'influencer les orientations importantes de votre organisation.

**Dans la conduite de projets complexes**, vous anticipez les résistances, neutralisez les oppositions, et mobilisez les soutiens nécessaires avant même de lancer officiellement vos initiatives. Cette préparation diplomatique multiplie vos chances de succès et réduit considérablement les risques d'échec.

**Dans la gestion des crises**, vous maintenez votre sang-froid et transformez les difficultés en opportunités de démontrer votre leadership. Votre capacité à prendre les décisions difficiles au bon moment et avec la bonne communication vous établit comme un leader de référence dans les moments critiques.

**Les défis contemporains que vous pouvez désormais résoudre**

Votre maîtrise de la diplomatie machiavélienne vous donne les moyens d'affronter avec succès les défis spécifiques du management contemporain français.

**Face à la résistance au changement**, vous savez identifier les vraies causes des blocages, construire les alliances nécessaires pour neutraliser les oppositions, et communiquer de manière à transformer les résistants en ambassadeurs de la transformation.

**Face aux conflits intergénérationnels**, vous comprenez les motivations profondes de chaque groupe d'âge et vous formulez des propositions qui satisfont les besoins de tous tout en servant les objectifs organisationnels.

**Face à la complexité réglementaire**, vous naviguez avec aisance entre les contraintes légales et les impératifs business en mobilisant votre réseau et votre compréhension des jeux d'acteurs institutionnels.

**Face à la concurrence internationale**, vous développez des stratégies d'alliance et de différenciation qui s'appuient sur une analyse fine des rapports de force et des opportunités de marché.

**Face aux crises médiatiques**, vous gérez votre communication avec la subtilité nécessaire pour préserver votre réputation tout en défendant efficacement les intérêts de votre organisation.

Ces enseignements ne constituent pas un aboutissement mais le commencement d'une pratique continue d'excellence en leadership.
La diplomatie d'entreprise exige un perfectionnement constant et une adaptation permanente aux évolutions de votre environnement. Commencez dès aujourd'hui par appliquer un principe machiavélien dans une situation concrète de votre

quotidien professionnel. Choisissez une négociation en cours, un conflit latent, ou un projet bloqué, et mobilisez les outils que vous avez acquis pour transformer cette situation.

Développez votre réseau stratégique en identifiant trois personnes clés de votre organisation avec lesquelles vous pourriez construire des alliances mutuellement bénéfiques. Analysez leurs intérêts, formulez des propositions de valeur, et initiez ces collaborations nouvelles. Travaillez votre réputation en choisissant consciemment les qualités que vous souhaitez incarner et en alignant systématiquement vos actions sur cette image désirée. Chaque intervention publique devient une occasion de renforcer votre positionnement stratégique. Cultivez votre *virtù* en relevant progressivement des défis plus ambitieux qui testent et renforcent votre maîtrise diplomatique. Chaque situation complexe résolue accroît votre confiance et votre expertise.

L'héritage de Machiavel vous offre une boussole intemporelle pour naviguer la complexité organisationnelle contemporaine. À vous de transformer cette sagesse historique en excellence managériale moderne. Votre organisation, vos collaborateurs, et votre propre épanouissement professionnel dépendent de votre capacité à incarner ces principes avec constance et créativité.

Le diplomate que vous êtes devenu possède le pouvoir de transformer non seulement sa propre trajectoire, mais aussi celle de tous ceux qui l'entourent. Cette responsabilité magnifique mérite votre engagement total dans la pratique quotidienne du leadership éclairé.

# Remerciements

Je tiens à exprimer ma profonde gratitude envers tous ceux qui ont rendu possible la naissance de cet ouvrage. Mes remerciements vont d'abord à mes mentors académiques de Sciences Po Paris et de l'Université Paris 1 Panthéon-Sorbonne, qui m'ont enseigné la rigueur intellectuelle et m'ont ouvert les portes de la pensée politique classique. Leur exigence et leur passion pour la transmission du savoir continuent de nourrir ma réflexion.

Je remercie également les nombreux dirigeants et managers qui m'ont fait confiance au fil des années. Leurs défis, leurs questionnements, et leur courage face aux complexités organisationnelles ont constitué le laboratoire vivant de cette exploration machiavélienne. Sans leur expérience partagée, ces enseignements seraient demeurés purement théoriques.

Ma reconnaissance va enfin à Nicolas Machiavel lui-même, dont la lucidité intemporelle sur les ressorts humains et les dynamiques du pouvoir éclaire encore, cinq siècles plus tard, les enjeux du leadership contemporain. Sa pensée demeure un phare pour tous ceux qui cherchent à exercer une influence éthique et efficace.

*Guillaume Morel*

www.ingramcontent.com/pod-product-compliance
Lightning Source LLC
Chambersburg PA
CBHW031627210526
45464CB00004B/1788